浙江省哲学社会科学规划课题研究成果

# 浙江省世居少数民族传统体育口述史研究

施兰平○著

浙江工商大学出版社
ZHEJIANG GONGSHANG UNIVERSITY PRESS

**图书在版编目（CIP）数据**

浙江省世居少数民族传统体育口述史研究／施兰平
著. 一杭州：浙江工商大学出版社，2016.12
ISBN 978-7-5178-1441-2

Ⅰ. ①浙… Ⅱ. ①施… Ⅲ. ①少数民族－民族形式体
育－体育运动史－研究－浙江省 Ⅳ. ①G852.9

中国版本图书馆 CIP 数据核字(2015)第 296935 号

## 浙江省世居少数民族传统体育口述史研究

施兰平 著

| | |
|---|---|
| **责任编辑** | 王黎明 |
| **封面设计** | 林朦朦 |
| **责任印制** | 包建辉 |
| **出版发行** | 浙江工商大学出版社 |
| | （杭州市教工路 198 号　邮政编码 310012） |
| | （E-mail：zjgsupress@163.com） |
| | （网址：http://www.zjgsupress.com） |
| | 电话：0571-88904980，88831806（传真） |
| **排　　版** | 杭州朝曦图文设计有限公司 |
| **印　　刷** | 杭州五象印务有限公司 |
| **开　　本** | 710mm×1000mm　1/16 |
| **印　　张** | 9.75 |
| **字　　数** | 105 千 |
| **版 印 次** | 2016 年 12 月第 1 版　2016 年 12 月第 1 次印刷 |
| **书　　号** | ISBN 978-7-5178-1441-2 |
| **定　　价** | 32.00 元 |

# 自序

当今世界，一个国家所具备的文化底蕴在国际社会竞争中的重要性越来越凸显。文化也是反映国家实力的重要指标，它是一个国家或民族增强凝聚力和抵抗外来文化侵蚀的重要手段。中华民族有着几千年的光辉灿烂历史，在若干年历史长河中积累的文化是一笔无比珍贵的财富，它是我们国家屹立在世界文化之巅的重要基础。

我们国家有 56 个民族，众多的少数民族在几千年的历史文化发展过程中积累了属于本民族的文化。有的少数民族文化通过文字的形式记录下来，而更多的少数民族因为没有本民族的文字，只能是通过代代口传以及其他特定的形式、载体传承下来。

少数民族传统体育活动作为一种重要的文化载体，在活动的内容和组织过程中蕴含了很多传承多年的民族特色和民族生活方式。这些内容经过多年的传承和发展已经成为该民族的特点和特色活动，是该民族文化的瑰宝。历史上很多民族有价值的信息通常是通过祖祖辈辈口头讲述或以祭祀表演的形式传承下来的。随着这些传承人的离世，不少民族传统体育有价值的信息已无法查证。目前，有些了解这些历史的在世者也年逾八十、九十，他们亲身感知的民族传统体育活动和文化等已成亟须抢救的宝贵文献。

浙江省属少数民族散杂居省份，少数民族人口总量不多，但民族成分较多。

通过文献统计发现，世代居住在浙江省的少数民族有畲族、满族和回族。其他民族的人多数在新中国成立以后，特别是改革开放后，看到了浙江经济发展的好势头来做生意经商，以及嫁给浙江人而定居落户在浙江地区的。① 浙江省少数民族具有大分散和小聚居相结合的特点，这种特点和我们国家多数少数民族的状况差不多。他们多生活在条件比较艰苦的边远地区，其中以山区最多。一个民族的发展必然会受到自然和社会两种大环境的影响，而少数民族所处的比较封闭的自然环境让他们在漫长的社会发展进程中，受到相对较少的外界干扰，使得旧有的文化体系得到了延传，"原生态"的文化形态也得到了较完整的留存。这些文化需要有人去整理和收集，以免随着时间发展而遗失。

近些年对少数民族传统文化进行研究的学者越来越多，发表了很多关于少数民族传统文化的文章。其中广大学者对少数民族传统体育文化的研究是最近一两年才开始的。在这些研究的文章中，多数学者是就少数民族传统体育文化的定义和内涵展开研究的。少数民族传统体育文化的定义和内涵到底是什么呢？通过查阅国内关于民族文化研究的资料后发现，大多数的学者认为少数民族传统体育文化指的是某一个民族在他们自己所经历的若干年历史发展进程中所积累的和体育活动相关的一些文化。这种体育

---

① 浙江省民族宗教事务委员会：《民族家园——浙江省少数民族概况》http://mzw.zj.gov.cn/n/0501_130.html,2015-6-30/2015-9-6。

活动文化在经历了其他民族体育活动文化的影响之后，再经过他们本民族的改变和吸收，形成了自己本民族的特点。这种体育文化活动的形式主要是依靠一代一代的传承而保存下来，主要注重的是身体、心理方面的内容。他们这种保存了自己本民族特点的体育文化活动在创造了属于本民族的体育文化的同时，显示了主体意识和客观意识的自觉行为，因此产生了本民族的精神文化、行为文化和物质文化。

在众多的历史学研究方法中，口述史研究也是在近几年才兴起的史学研究门类，因为口述史研究通过采集记录和文献结合的方式，能真实地保存、再现历史。传统的历史研究方法，是以文献、档案资料为主，基本上是一种不会说话，也不需要通过叙说的历史。然而，在口述史的研究过程中，主要采用的方法就是访谈一个人或一群人对特定事情的认识、理解和自己的特有观点，也可以是自己所经历过历史中某些事情的回忆和感想、自己的实际生活经历、听到的某些历史故事和对一些理论的自我理解和讨论。所以说口述史是一种及时和鲜活的历史研究方法，是一种除了影像记录外，有文字记录的会说话的历史学研究方法。本书希望通过口述史研究进一步挖掘、整理和传承浙江省世居少数民族优秀的传统体育文化，让这些民族传统体育项目能够继续发扬光大。

2014年7月，笔者第一次慕名到丽水景宁畲族自治县调研。从杭州坐火车到金华，然后从金华坐两个小时的汽车到丽水，再从丽水转车到景宁，最后从景宁坐公交车去调研的村庄，一路奔波。折腾了一整天，等到景宁的时候感觉特别累，可当看到景宁那美丽的青山绿水时，一切的疲劳马上消失了，迫不及待地坐上下乡的小巴车开始访谈之旅。其间有幸参加了 2014 年 11 月在丽水举办的浙江省第四届少数民族运动会,借助这个赛事现场采访了很多运动员和教练员,得到了很多第一手的资料。2015 年 3 月和 7 月又分两次到景宁和嘉兴调研,在本书的整个调研过程中主要以口述史的方法去收集、整理畲族和回族的民族传统体育的主要项目和发展情况,包含历史传说、起源和运动形式等。

在整个调研访谈过程中一个最大的感触就是,浙江省少数民族传统体育迫切需要投入财力和人力去开发和继承。首先是浙江省少数民族群众的生活条件和所处的环境发生了很大的变化。少数民族群众的生活条件越来越好,大多数畲族、回族和汉族民众混居在一起,畲族和回族本民族的文化必然会受到汉族民众的生产和生活方式的影响。在畲族和回族的民族体育活动项目中,不管是何种传统体育项目,因为受到多民族文化的影响很难保持他们的原始特点。此外由于社会发展和人们生活方式的改变,有的传统体育活动项目现在消失了,也有的传统体育活动项目因为找不到或者无人愿意去传承而面临失传的境遇。虽然有些项目留存下来了,但是在景宁民族体育三月三现场采访少数民族群众时发现,他们中的多数人并不知道所参与的这些体育活动包含了哪些本民族文化内容。所以很有必要对浙江少数民族体育文化进行整理,通过文字的形式记录两个世居民族的传统体育活动和文化内涵,让更多的人了解浙江省少数民族传统体育活动,这也算是一种民族文化的保护和拯救吧!

# 目　录

## 前言

　　浙江省处于东海之滨，南接福建，西与江西、安徽相连，北与上海、江苏为邻。在公元六七世纪之前，浙江尚属地广人稀、经济落后的地区。但人类的活动，也同黄河流域一样，发源相当早。据考古发掘资料表明，在建德李家乡的乌龟洞内，发现了10万年前的古人化石，被称之为"建德人"。他们用自己的双手与智慧开始创造浙江远古文化，是迄今为止浙江省境内发现的最早的古人遗址。

　　在宁绍平原①的余姚市河姆渡村发现的母系氏族公社繁荣时期的聚落，考古工作者称之为"河姆渡文化"，距今有7000年左右，他们进入了原始的耕作农业阶段。在嘉兴马家浜发现的五六千年前的聚落②遗址，已进入了母系氏族公社晚期。在余杭良渚发现的四五千年前的遗址，进入了犁耕农业阶段直至如今。北自杭嘉湖平原，南至温瑞平原，西至浙西山区，东到舟山群岛，已发现了200多处原始人的遗址或遗物，充分证明远古时期浙江已遍布数百个聚落。夏朝（约公元前21世纪至公元前16世纪），今绍兴市的会

---

　　① 宁绍平原：浙江东北部的东西向的海岸线平原，它由浦阳江、钱塘江、曹娥江及甬江等河流冲积而成，在地理形式上是自成格局。主要城市包括宁波市、绍兴市及杭州市萧山区等。
　　② 聚落：指的是人类生活和居住的场所。

稽山区一带已成为于越部落活动的中心,约到公元前六七世纪时,于越人在钱塘江东南岸建立越国。战国时期,越国为楚国所败,越人流散,遍布浙江、福建等地,成为秦汉时期"百越"之一。

在隋朝和唐朝历史之前,畲族的祖先们居住生活的主要地点是现在的广东、福建和江西三省交界的凤凰山地区,他们以族群的形式群居在山上,很少和外界交流,过着耕田种地、怡然自得的原始农业生活。因"畲"为刀耕火种之意,故宋代称他们为"畲民"。迁入浙江最早的一支(雷进裕家5口)是唐永泰二年(766)从福建罗源县十八都苏坑境南坑迁至处州府青田县鹤溪村大赤寺(现景宁畲族自治县大赤洋村),后居叶山头村。宋代亦有畲民陆续迁入。畲民大量入迁是在明代,共有46支迁入浙江。清代共有28支迁入。

因为历史上畲族的先祖们主要居住在现在广东省的东北部地区,因此,他们迁移到浙江地区的路线应该是从广东出发向北到福建再到浙江丽水的;也有一些畲族祖先从广东向北经江西到达浙江丽水,这个迁移路线上有很多畲族先民就在当地落户了,这也是现在福建和江西有畲族群居的主要原因。畲族先民迁徙的原因是原居住地统治者严酷的军事镇压和经济剥削;迁徙的目的是求民族的生存;迁徙的形式是一家一户或几个支族结伴而行。因封建统治阶级实行民族歧视、民族压迫政策,民族成分得不到承认。1949年,中华人民共和国成立之后,中国共产党实行民族平等、民族团结政策,浙江畲民同闽、粤、赣等省畲民一样,要求确认民族成分。国家先后于1953年、1955年组织专家、学者和民族工作者对浙、闽、粤等省的畲民进行认真、慎重、稳妥的民族识别调查。1956

年8月,中共中央统战部给浙、闽、粤、赣省委统战部指示,根据几年来的调查材料,畲民可以确定为一个少数民族,对族称问题各省再征求意见上报。浙江省于1956年10月15至20日在杭州召开畲族代表会议,经讨论,一致同意以"畲族"为族称,并上报中央。因各省意见基本相同,1956年12月,国家正式认定畲族为单一少数民族,确定名称统一称为"畲族"。

浙江的回族也始见于唐代。唐代,波斯人、阿拉伯人在杭州等地经商、传教、结婚、定居,他们就是浙江回族的先民。现浙北的回族相当大一部分是元代由北方南迁至浙江的,温州的回族则是明清时期从福建晋江等地迁入的。①

满族入迁则以清朝初期清军进驻浙江为始。其他少数民族大多是在中华人民共和国成立后,主要因婚嫁,其次是从军、经商、求学、工作调动、大中专学生毕业分配等原因定居浙江,没有形成本民族的单独居住区域,散居于汉民族中间。

1953年第一次全国人口普查,浙江省有16个少数民族,一共是83530人;1964年第二次全国人口普查,浙江省有23个少数民族,一共是106634人;1982年第三次全国人口普查,浙江省有33个少数民族,一共是161605人;1990年第四次全国人口普查,浙江省有49个少数民族,一共是212752人,占全省总人口数的0.51%。1990年与新中国成立初期相比,少数民族增加了33个,人口增加了1.55倍。"第四次全国人口普查"(以下简称"四普")与"第三次全国人口普查"相比,浙江省民族数量增加了16个,人

---

① 浙江省少数民族志编纂委员会:《浙江省少数民族志》,方志出版社1999年版。

口增加了 31.65%。增长的主要原因有 3 个：一是这时期外省迁入或流入的少数民族人口增多。据"四普"资料，1985 年 7 月 1 日以后迁入或流入的少数民族人口有 14034 人，占增加总数的 27.44%。二是人口的自然增殖。1989 年 7 月 1 日至 1990 年 6 月 30 日，少数民族人口的出生率为 17.21%，死亡率为 5.83%，自然增长率为 11.38%，比汉族高出 2.63 个千分点。三是更改民族成分。由于党的民族政策的进一步贯彻落实，使许多原来未公开自己少数民族身份的人申请更改（恢复）了民族成分。1982—1990 年的 8 年中，温州先后 7 批 6690 人由汉族改为畲族或回族，衢州畲族人口增长了 53.48%，绝大多数是更改民族成分，丽水有 1191 人改为畲族成分。四是民族之间的相互交往。由于少数民族政治经济地位的提高和民族间交往的日益密切，汉族与少数民族通婚日益增多。1990 年"四普"资料表明，浙江省汉族与少数民族混合的家庭户有 51150 户，比全户都是少数民族的家庭 30636 户多 66.96%，他们所生的子女一般都申报为少数民族成分而不报汉族成分。

浙江的少数民族人口最多的是畲族。据 1990 年第四次人口普查，畲族人口共 173750 人，占全省少数民族人口的 81.67%，占全国畲族人口的 27.46%。浙江地区的畲族人口主要分布在杭州市、丽水市、温州市和金华市等地。畲族人口在近万人或万人以上的，有丽水、景宁、遂昌、苍南、泰顺、文成、平阳、龙游、云和 9 个县（市），其中丽水市 18945 人，占全省畲族人口的 75.02%，是全省畲族人口最多的县（市）。人口在 1000 人以上的，有 20 多个县（市），除 18 个畲族乡镇外，畲族人口在 1000 人以上的乡镇还有 55 个。

其分布特点是大分散、小聚居，一般是几户或几十户聚居成自然村，其中在浙江省所有村子里面一个村子全是畲族居民的自然村有六十二个，而占一个村子总人口百分之三十以上的畲族村子有四百多个。

浙江少数民族人口居第二位的是回族。回族人口共有 17294人，占全省少数民族人口的 8.13%。回族以相对聚居的形式主要分布在杭州市，嘉兴市和温州市的苍南、瑞安、洞头等县（市）农村，其余则分散于全省各地，与汉族人民杂居。

浙江省的少数民族除畲族、回族以外，其他民族人口普遍较少，千人以上的只有 5 个：壮族 7766 人，苗族 3139 人，满族 2720人，土家族 1390 人，布依族 1288 人。千人以下的有：彝族、侗族、蒙古族、纳西族、藏族、白族、水族、瑶族、朝鲜族、黎族、傣族、土族、高山族、哈尼族、维吾尔族、仫佬族、佤族、傈僳族、拉祜族、仡佬族、锡伯族、撒拉族、毛南族、普米族。①

① 　浙江省少数民族志编纂委员会：《浙江省少数民族志》，方志出版社 1999 年版。

# 第一章　文献综述

## 第一节　少数民族传统体育文化内涵

　　浙江省属少数民族散杂居省份,少数民族人口总量不多,但民族成分较多。整个浙江地区的少数民族具有大分散和小聚居结合的特点,少数民族的社会和文化发展受到生活环境和群体环境的影响。因为他们多数人生活在边远地区或者是山区,和外界的接触和交流不多,在漫长的社会发展进程中,相对较少的外界干扰使得旧有的文化体系得到了延传,"原生态"的文化形态也得到了较完整的留存,这些文化需要有人去整理和收集,以免随着时间发展而消逝。

　　关于少数民族传统体育和文化特点的研究是最近几年才兴起的,而到底少数民族传统体育文化包含什么内容? 包含什么样的意思呢? 带着这些问题,笔者通过查阅文献资料后发现,对于少数民族传统体育文化,非常具有典型性的解释就是:少数民族传统体育文化指的是某一个民族在他们自己所经历的若干年历史发展进程中所积累的和体育活动相关的一些文化,而这种体育活动文化在经历了其他民族体育活动文化的影响之后经过他们本民族的改变和吸收,形成了自己本民族特点的一种体育文化活动,这种体育文化活动的形式主要是通过一代一代的传承而发展的。这种体育活动形式主要追求的是身体、心理方面的内容,他们这种保存了自己本民族特点的体育文化活动在创造了属于本民族的体育文化的同时,也显示了主体意识、客观意识和自觉行为。劳动、生产过程中产生的各种观念,构成了其产生和发展的物质基础,包括精神文化、行为文化和物质文化水平,其核心是在宗教信仰、民族意识、文化心理、哲学、价值观和伦理等方面体现人的精神生活的能力道德规范和审美心理等。①

　　口述历史简称口述史,是近年兴起的史学门类,成为较真实地保存、再现历史,采集文献的重要形式。传统的历史研究方法,主要是以文献、档案资料为主,基本上是一种不会说话,也不需要用语言表达的形式去记录的历史。然而,口述史的研究多是通过对受访人的采访,去了解受访人对曾经在历史上发生过的一些重大事情和特别活动的回忆和经历体会,以及他们对一些事情和活动的认识、感受与体会,进而付之以一定的理论诠释和讨论。所以,口述史研究是一种鲜活的历史学研究,或者可以说是一种会说话的历史学研究。本课题希望通过口述史研究进一步挖掘、整理和传承浙江省世居少数民族优秀的传统体育文化,让这些民族传统

---

① 　赵建林、郭赤环:《少数民族地区高校体育改革与弘扬民族传统体育文化的关系》,《黑龙江高教研究》2006 年第 3 期,第 155—157 页。

体育项目能够继续发扬壮大。

少数民族传统体育文化的形成主要是因为我们国家的少数民族人口数量比较多,少数民族群众居住的地域分布辽阔,各个民族都有自己的生活区域,有属于他们自己民族的生存环境,特定的风俗习惯和劳动生活方式,比如蒙古族主要的生产生活方式是骑马放牧,而鄂伦春族生产生活依靠打猎等。由于各种民族群众之间的性格特点和人的意识不同,对于体育活动概念的认识和民族传统体育文化的理解是不一样的,但总体上少数民族传统体育文化的起源存在一些共同特性,主要表现在这些方面:首先是人类劳动生产和生活需要,其次是宗教信仰、战争和娱乐养生需要。这五个方面对促进少数民族文化的产生和发展,传承和进步并形成本民族自己特色的体育文化起到了至关重要的作用。除此之外,也有学者认为,少数民族体育文化的形成还受到经济条件、该民族所处的地理环境及风俗习惯的影响。

赵建林认为:"所谓少数民族传统体育文化,是指中国 55 个少数民族在其民族发展历程中所形成的具有地域性特色,能体现本民族生活态度和生活方式的,通过身体活动以追求身心与精神全面健康的思维方式和行为方式的总和。"这种说法用"地域性特色""生活态度和生活方式"对少数民族传统体育文化的概念进行了限定,用"身体活动"对其行为方式进行了界定。这种"限定"和"界定"是否准确,有待商榷。许多少数民族的传统体育项目的形成与"地域性"没有关联,也并不是"生活态度"和"生活方式"的体现,如武术中的一些搏击方法、外来宗教中的一些仪式活动、舞蹈中的一些技术动作等,很多体育活动是在与外族的交往中通过"文化传播"和"文化辐射"而来的,并不是某一民族单独具有和"单线进化"的。①

　　也有的学者研究认为少数民族传统体育文化主要是指少数民族在中华五千年漫长的社会发展历程中,所创造出来的具有育人和健身特征的,通过肢体行为表现出来的物质、制度和精神文化领域的实物、行为和意识等所有文化产品的总和。这里所说的"漫长的社会发展历程",是指我国 55 个少数民族的传统文化,产生、进化、传播、变异、整合、消亡、发展和变迁过程;"育人和强健体魄"是指体育的文化特征;"肢体行为"是指表现方式,只有通过肢体表现才能成为"体育";"物质、制度和精神等所有文化产品",包括自然科学、技术、知识以及由此创造出来的工具、房屋、服饰、食品等。冯胜刚等②研究认为如果依靠存在方式对民族传统体育进行分类,它主要可以分成三类:第一类就是具有完整组织体系、参与人群和竞赛规则的项目,比如广西侗族的抢花炮和哈尼族的打陀螺,以及蒙古族的摔跤、射箭和射弩等;第二类就是在一些民族重大节日和庆祝活动中,为了营造和衬托气氛而进行表演的项目,比如嘉兴的掼牛和彝族的斗牛舞,以及苗族的高跷,仡佬族高台舞狮等;第三类就是存在于日常生活和民俗活动中的一些项目,例如苗族的跳芦笙和贵州地区彝族的乌蒙铃。还有一些体育运动项目与他们民族的舞蹈结合在一起并没有形成体育运动项目。通过整理归纳发现我们国家少数民族传统体育项目数量和运动的形式应该是世界上最多的,这么多的传统体育项目包含了众多的文化内容,这是构成我们少数民

　　① 徐金尧:《我国少数民族体育文化内涵初探》,《体育文化导刊》2002 年第 3 期,第 14—15 页。
　　② 冯胜刚等:《全球化之下,我们在哪里》,《中国民族》2008 年第 8 期,第 5—7 页。

族文化的基础,也是我们国家多元文化的重要支撑。

钱娅艳等①研究认为体育文化具有独立的民族性格和社会意识,在连续的自我复制中,不断受到外来影响而发生变化,逐步形成并丰富了本民族的文化内容。学者们从不同的角度对少数民族传统体育文化特征进行了概括。钟全宏认为少数民族传统体育文化是民族性与地域性,宗教性与民俗性,稳定性与变异性的高度统一,它具有形态多样性、历史悠久性、分布立体性、环境适应性、传承神秘性和民族认同性。姜明指出少数民族传统体育文化具有劳动生活的提炼性与浓缩性,地方风俗的契合性与互动性,民族文化的教育性与传承性,余暇时间的浪漫性与创意性,节日民俗的亲和性与娱乐性,以及宗教信仰的崇拜性与强化性。王安平归纳的少数民族传统体育文化的基本特征有民族传承性、独特的地域性、娱乐健身性、竞技性等。还有学者对巴蜀地区、三峡库区、广西地区、武陵山区、红水河流域、黔东南地区及新疆地区的少数民族传统体育文化特点进行了总结,虽然有一些不同之处,但其中仍有几个特点得到了公认:民族性,是指某个民族或某一些民族所特有的,包括原始与宗教等方面;传统性,是指它们是经过世代相传和漫长的历史演化而来的;地域性,是指不同地区的民族有着各自的地域特征;娱乐性,是通过满足人们的身心需要和情感愿望,以自娱自乐、消遣和游戏活动的方式体现出来的。

冯胜刚教授研究认为:"所谓中国少数民族传统体育文化,就

① 钱娅艳等:《近10年少数民族传统体育文化研究回顾》,《首都体育学院学报》2010年第2期,第16—18页。

是中国 55 个少数民族在漫长的民族发展历程中，本民族原创或虽然从其他民族文化中引入，但已经经历了明显的文化改造，已与本民族文化充分融合并流传已久，以身体活动为形式，以追求身心与精神健康为目的的活动中，表现出来的主观意识、客观意识和有意识的行为方式。"这种说法说明了文化通过进化与传播渠道，具有显著特色的民族传统体育文化的形成方式，用身体活动的方式来体现"意识"的过程。① 此外，冯教授还认为，如果我们以民族传统体育的存在方式为标准进行分类，则可以将纷繁复杂的少数民族传统体育项目分为以下三大类：一、竞赛规则的成熟度不同的竞赛项目。例如布依族的抵杠，侗族的抢花炮，拉祜族及哈尼族的打陀螺，还有广泛流行于多个少数民族中的射箭、射弩、摔跤等。二、在民族节日和民族庆典等活动中主要用于烘托气氛、增加喜庆色彩的表演项目。例如仡佬族的高台舞狮、苗族的高跷、彝族的斗牛舞。三、广泛存在于各种民俗活动和日常文化生活之中，与少数民族传统舞蹈交织在一起，并因其具有不同程度的体育性而可称之为民俗体育的传统项目。例如苗族的跳芦笙、贵州毕节地区彝族的乌蒙铃。另外还有存在于每一个少数民族中与本民族传统舞蹈尚未发生明确分离的各种形式的体育项目。多元的民族文化的形成，其根本是众多的少数民族，也使得我国少数民族传统体育项目的数量和形式更加丰富多彩，堪称世界之最，这是一个底蕴极为深厚的文化宝藏。

---

① 冯胜刚：《关于正确定义中国少数民族传统体育文化的研究》，《贵州民族研究》2004 年第 4 期，第 117—121 页。

随着经济的发展，"全球化"成为一个热门词汇，"体育全球化"的说法也自然而然地出现了。方国清、王岗认为，尽管"体育全球化"就字面来理解，应该是各民族的体育不分种族、不分地区地进行多元融合、相互吸纳，但实际上，世界上还有许多民族的体育项目始终被边缘化，被排斥在体育全球化这一进程之外。因此，体育全球化绝不是各种体育意识形态、价值观念之间一脸灿烂地握手言欢。全球化带来的新的文化、价值观念和生活方式不可避免要与原有的文化、价值观念和生活方式产生激烈的碰撞。尽管有人说"体育全球化"并不排除差异与多元的存在，而这恰恰正是体育全球化的意识形态陷阱。而且不可否认的是，东方民族体育追赶或者说向西方奥林匹克靠拢的现象本身是一种趋同的活动，正如中国的竞技武术也往往将本身符合西方奥林匹克某一标准的方面作为自己发展的方向一样。也就是说，欠发达的东方民族体育常把西方体育的模式内化为自己的需要，从而在客观上形成这样一种状况："体育全球化"是东西方合谋的结果。然而，自始至终，这种"合谋"都伴随着与之相反的过程，即为了捍卫体育世界的多元性模式而进行的抗争始终都存在。正如经济全球化、政治全球化一样，体育全球化也同样是历史的必然进程，给人类带来的是福祉还是灾难，取决于以何种状态和方式获得体育全球化。

张鲲认为在各自的社会发展过程中才形成了中国民族体育文化与西方体育文化之间的差异。中西方体育文化之间的矛盾与统一与中西方的哲学思想有着直接关系。中国传统哲学思想主张天人合一、万物一体，实现最高的自我价值是在天人合一的自我满足的境界中完成的，并由此形成了中国传统的体育文化精神内核：讲究养生之道，创立传统体育健身中的"阴阳"学说、"人天相应"学说、"五行"学说、"精、气、神"学说，形成了"不惟养形、尤重养神""不惟局部、尤重整体""不惟强体、尤重养护""不惟健身、尤重延寿"的独特的民族体育思想。而西方传统哲学思想认为人是有限的，有限的个人相对于无限完满的超本体来说是有欠缺的，因而人生的最高意义和价值就在于渴望和追求最高的、最完满的无限性，在超时间的无限中实现自我。由此在西方形成了与其传统哲学思想相一致的竞技体育文化——在"更快、更高、更强"的奥林匹克精神中实现竞争、超越，追求无限性。每一种文化（文明）的有效性首先建立在这种文化（文明）内部长期形成的生活习惯、思维方式、价值理念的独特性基础之上，这种独特性决定了中西方体育文化（文明）的差异。然而，中西方体育文化除了差异之外，还存在着一致性：追求健康和长寿。这是中西方体育文化长期共存、融合、发展的基础。中国传统体育文化与西方竞技体育文化之间绝不是先进与落后的关系，而是辩证的对立统一关系；两者之间不是从属关系，而是两个独立发展的文化体系；两者之间更非只有冲突，而是可以相互共存、借鉴、交流和互补。

关于民族体育国际化的任务，张建业、王明献认为，20 世纪末的中国体育，已经更多地表现出以竞技体育为中心，以在奥林匹克运动中获取金牌为目的的体育发展观。奥林匹克进入中国人的世界，而且聚焦了世界各国人民的目光，得到了世界普遍的认可，它的发扬光大为民族传统体育走国际化发展道路起到了良好的示范效应。而对于少数民族体育文化诠释，很多学者也做了一定的研究。湘西吉首大学民族体育研究学者白晋湘认为，特定的民族体育文化是由特定的地域、特定的时代、特定的生态环境所创造的。少数民族体育文化的内容和方法体系的构成是在人类民族文化的原始积淀期,由于生存区域与生存环境,生产劳动与生活方式,文化积累与传播的不同,诞生了民族文化共同体中许多具有教育、娱乐、健身功能的社会活动。① 曾于久等研究认为,民族体育文化是把人体功能中强化和优化的两个方面当成一个物质和精神密切联系在一起的统一活动,把人与环境视为不断进行物质、能量和信息交流的统一体。它是涵盖了"性命双修、心身并育"的生命整体优化理论,并且寓竞争、娱乐、地域、艺术赏析、趣味性为一体的综合运动形式。②

少数民族传统体育文化是一种从形成到结束从一而终基本不变的精神物质文化,在若干年的发展过程中它的结构内涵在整个社会历史环境的变化中会做出一点调整。这种调整是为了让这种文化得到更好的传承和发展,从而让这种民族体育文化更加多姿多彩,以至于最后形成具有民族心理、意识和民族特色的少数民族文化。

少数民族传统体育文化中最具有典型特征的就是少数民族传统体育文化的产生、发展是由本民族生产生活过程中的各种精神物化品为其打下物质基础。劳动生产是文化创新的初始,也是人类相较于猿类的特征。③ 当作为存在于自然生态环境中的人类开

---

① 白晋湘:《弘扬中华民族传统体育 丰富世界现代体育宝库——民族传统体育研究述评》,《北京体育大学学报》2001 年第 4 期,第 433—435 页。

② 曾于久等:《民族传统体育概论》,人民出版社 2000 年版,第 10—11 页。

③ 芦平生:《少数民族体育文化的诠释》,《体育文化导刊》2006 年第 3 期,第 62—63 页。

始创造文化的时候，即使是只创造了不完整的简单文化，也都是从自然存在物体的加工和使用开始的。

技术、社会和价值方式都作为相当复杂的文化体系而存在的文化成果是建立在生产资料和生活资料的物质劳动过程中的。民族传统体育文化横贯于我们生产生活活动中的各个方面，它包含了饮食、生产、狩猎、渔业、商业等。就是在这种社会发展环境下，民族传统体育文化是某个民族在特定的社会人群和区域中，伴随一定的生活资料和生产劳动，创造的能够传承的物质体育文化项目。其次，少数民族体育活动不是孤立的个体活动，它是人类社会一项特殊的文化活动方式。民族体育活动永远脱离不开社会的联系，而是受制于社会，永远是物质文化的产物，虽然它常常通过个人的行为方式来体现和完成。同时，社会政治、经济、文化等现象又制约和影响少数民族传统体育文化的发展，但是又离不开这些，并被一定社会关系所包围。这种社会联系要求人们需要按照社会所提供的特定可能和条件，按照一定社会所具有的体育形式开展活动，其参与活动的行为包含了依靠以人为中心所产生的各种制度、组织、血缘、地缘，以及所形成的风俗习惯和宗教信仰，表现出固定性、规定性、制约性的链接方式，不论是以物为对象，还是以人为对象。然后，反映在少数民族体育活动当中的人类精神生活领域的文化，是民族体育文化中伦理道德规范、哲学思想、文化心理、民族意识、宗教信仰、价值观念和审美心理的核心部分。它是依托体育活动来改造人的主观世界，通过民族体育活动形式，通过抽象事物的具体艺术特定表现去改变人精神世界的思想观念、物质内涵和行为准则。

　　少数民族传统体育活动最根本的作用是促进民族心理素质的成长,作为验证人的物化世界能力的象征。民族心理素质是作为某个民族的成员能够感受到自己属于这个民族而不是其他民族的归属感,是一个民族有别于其他民族最为内在的心理特征。费孝通是我国著名社会学家和民族学家,他曾经说,民族心理素质是同一民族的人感觉到大家是属于一个人们共同体的自己人的一种心理,这种心理包含了一些代表民族标志的东西,而这些标志就是区别于其他民族的生活方式和民族风俗习惯。所以说,民族心理素质是少数民族传统体育产生、发展的灵魂,是社会物质文化与生活相互结合作用于民族传统体育精神文化的具体表现和结果。

　　文化作为一种产物,它反映着一个时代的各种特点。民族传统体育文化是少数民族社会在特定阶段的文化承载,它们的发展都打上了地域环境、经济文化结构的烙印。这种民族体育文化不仅积累了一个民族过去全部的文明成果和文化创造,而且它还包含了一种民族可持续发展走向未来的文化基因。这种文化物质的融合与交流产生了多元化的撞击与汇合,它不仅在深情地记录着民族体育文化的过去,在深切地寻觅着同先进文化的各种融合和共同语言,还在义无反顾地瞻望着现代文明的未来,形成了尚人伦、重道德、崇礼教、尊祖宗的民族品格和精神内涵。如今以弘扬民族传统体育文化为特点的各种艺术节、文化节、民俗节遍布全国各地少数民族地区。由于我们国家西部地区少数民族群众比较多,伴随国家西部大开发战略,在文化、经济和技术高度发达的今天,少数民族传统文化的固定思维基本被打破,少数民族传统体育文化的发展越来越好,它进入了花会、庙会、文化广场的殿堂,现已从高山峡谷、边陲村寨、大漠草原走向中华大地。

任何民族所创造的体育文化都是其民族精神的体现,包括物质和非物质两个方面。这主要是因为物质文化的精神内涵很深,如果不具备丰富的文化功底,不能用心理解和感受很难获得这些文化,更别说去接受和传递了。它的载体也已被物化为恒定的内容,表现出具有历史性和无法再生的特点。

而非物质文化的精神内涵如同我们每天呼吸的空气和沐浴的阳光,可以直接被我们所吸收;它的载体则是具体的活动过程,表现为现实性、活态性、不断生成性。少数民族体育文化的物质性和非物质性,存在于民众的真实生活当中,成为他们日常经验的一部分,特别是一些独具地方和民族特色的项目,如维吾尔族的"肉孜节"、回族的"六月六花儿会"、藏族的"香浪节"、蒙古族的"那达慕"等。它们是民族文化的重要内容,它们是少数民族群众文化认同的重要标准,这个标准里面就是他们民族的文化修养底蕴,是他们的智慧和力量来源,是他们民族精神的全民性活动记忆。用纵向的历史眼光来看少数民族传统体育文化,它已具有很高的文明程度,经历数千年的变迁,沉积了璀璨的民族文化。因此,开发与保护少数民族体育文化,有利于唤醒民众去复兴本民族的文化意识。此外,全球化使人类在逐渐变小的世界里更加需要多姿多彩的精神生活和自主性的文化价值取向,所以全球化并不意味着人类文化发展也要"趋同化"和"一体化",这就是不同文明之间交流的基本。一个个民族在人民的体育生活中构成了丰富多彩的壮丽景观,在开拓中华民族悠久的宝贵文化遗产时与现代体育互相辉映。充分吸取了中华民族传统文化精华的少数民族体育,在"以夏化夷"极强的凝聚力和亲和力精神鼓励下,形成了无法抗拒的民族精神,这使得我们民族传统体育得以长久不衰并表现出强大的再生能力。因此,民族体育对树立民族形象、弘扬民族精神具有直接作用。

此外,一个民族的自强意识受到忧患意识的影响,而忧患意识是民族体育事业发展的动力,去拼搏超越对手成为现代中国体育的特点,这也成为亿万人民群众社会冲动的内因,极大地震撼了民族的心灵。鸦片战争以后,在长达百年的时间里,整个国家就像阴云密布,弱小的民族体质、屈辱的民族心理,激发民众萌发抗击外敌、奋发图强的决心。民族体育文化精神在时代不断发生变化的今天,其体育方式仍为各族人民采用,仍然影响着人们今天的思想和观念。

少数民族体育文化的发展受到人类自己创造和发展起来的少数民族文化的影响,使得这种文化经久不衰并代代相传。我们相信少数民族传统体育文化具有的文化底蕴将会对建设富强、民主、文明的社会表现出强大的辐射力。

# 第二节　少数民族传统体育文化价值

少数民族传统体育文化各具特色,它们包含了悠久的历史和丰富多彩的内容,它们的产生是人类从具有动物野性变成人性的发展进化过程,以及各种因素相互结合进而综合演化的结果。

我国少数民族人口数量较多,他们分布在国家的不同区域。因为每一个民族都有自己的生产生活方式与生存环境,所以各个民族的信仰和文化知识结构也是不同的,由此导致了他们对体育的概念和少数民族传统体育文化的产生的认识和理解也是不相同的。总的来看的话,少数民族传统体育文化有一个共同点,就是起源相同,都是从人类最基本的生活和生产,宗教信仰,民间的养生和娱乐活动中衍生而来的。也有的传统体育文化研究者认为,少数民族体育文化的形成还受到他们所处的地理位置、气候环境、经济条件、风俗习惯的影响。

很多研究者认为,少数民族传统体育文化主要是指:我们国家的 55 个少数民族在其民族发展历程中所形成的能够体现本民族的生产方式和生活态度,并具有自身地域特点的,通过身体活动去追求精神和身心全面健康的行为和思维方式的总和。这种说法用"地域性特点""生活态度和生活方式"对少数民族传统体育文化的概念进行了限定,用"身体活动"对其行为方式进行了界定。这种"限定"和"界定"是否准确,有待商榷。许多少数民族的传统体育项目的形成与"地域性"没有关联,也并不是"生活态度"和"生活方式"的体现,如武术中的一些搏击方法,外来宗教中的一些仪式活动,舞蹈中的一些技术动作等。很多体育活动是在与外族的交往中通过"文化传播"和"文化辐射"而来的,并不是某一民族单独具有和"单线进化"的。

有的学者研究认为,少数民族传统体育文化就是指我们国家的 55 个少数民族在他们自己漫长的民族发展过程中,自己本民族原创的活动形式或者是从其他民族的文化中吸取来的,并经过他们本民族文化改造过的一些以身体活动为主要形式,以追求精神和身体健康为主要目的的行为方式。这种说法说明了文化通过进化与传播渠道,具有显著特色的民族传统体育文化的形成方式,用身体活动的方式来体现"意识"的过程。也有的学者研究认为少数民族传统体育文化是指少数民族在他们本民族漫长的社会发展历程中,自己本民族所创造出来的具有育人和健身特征的,通过肢体行为表现出来的物质、制度和精神文化领域的实物、行为和意识等所有文化产品的总和。这里所说的"漫长的社会发展历程",是指我国 55 个少数民族的传统文化,产生、进化、传播、变异、整合、消亡的发展和变迁过程;"育人和健身特征",是指体育的文化特征;"肢体行为",是指表现方式,只有通过肢体表现才能成为"体育";"物质、制度和精神等所有文化产品",包括自然科学、技术、知识及由此创造出来的工具、房屋、服饰、食品等。

民族体育文化包含了本民族独特的社会意识和性格特点,在本民族若干年社会发展过程中这种民族文化在不断自我复制的同时又吸取外族文化特点,在外来文化和自我文化的不断交流和记录中慢慢形成了本民族的文化特点。很多学者从多个方面对民族文化特点进行了概括和总结。钟全宏总结认为,少数民族传统体育文化是宗教性与民俗性,稳定性与变异性,民族性与地域性的高度统一,它具有历史悠久、传承神秘性、环境适应性和形态多样性等多种特征。民族传统体育文化是几千年中华民族文化的重要组成部分,弘扬传统体育文化是每一位中国人应该做的事情,但现在民族体育的发展处在自给自足的状态,哪个民族的活动只有自己本民族知道,外面的人根本不了解,更别说其他国家的民众了。为了更好地发展民族传统体育我们可以采取和现代竞技体育同场比赛竞技相同的发展道路,也可以举办结合风土民情的各种传统体育节,例如畲族风情三月三民族体育节。前者需要对民族体育进行改造,合乎竞技体育理论与实践的要求,同样也符合世界各国人民的文化需求(比如像韩国的跆拳道被带进奥运会,现在在很多国家开展起来了)。后者可以保持本民族文化的原来风貌,保存其文化的完整价值。吉首大学民族体育文化研究学者白晋湘认为,今天我们要发展的传统体育,不是古代典籍和书稿中所记载的东西,而是到了今天仍然存在于少数民族群众生活之中的传统体育活动。这些活动一定是人们还在开展的,比如说龙舟、射弩、武术、龙狮、风筝、高脚马、抖空竹等。

总体来看,我国少数民族体育文化分化进程相当缓慢,体育作为一种边缘文化更没有被列为一种单独的文化体系而体现在传统文化中,因此有必要通过一系列的调查研究去挖掘少数民族传统体育中一些独特的文化。

# 第二章　嘉兴回族传统体育资料与口述

　　嘉兴——一个以南湖闻名全国的地方。生活在浙江嘉兴的回族民众喜欢练拳习武,大多数人擅长武术。嘉兴市在 1980 年成立了"嘉兴回民武术队",在这个武术队中涌现了众多全国有名的武林高手。1981 年作为浙江武坛三杰之一和嘉兴回民武术队教练的李青山与武术队队长韩海华一起参加了在辽宁沈阳举办的全国武术观摩大会,在这次盛会上李青山表演的大刀术获得了金牌。1982 年 9 月,第二届全国少数民族运动会在内蒙古呼和浩特市举办,浙江省体育代表团派遣嘉兴回民武术队参加了武术比赛,他们在比赛中表演的大刀和斗牛等项目受到观众的一致好评。此外,嘉兴回民武术队还经常深入工厂、农村等地进行慰问表演,他们在促进民族团结和增强民族凝聚力方面起到了很大作用。

　　和浙江地区大多数少数民族群众的分布情况相似,浙江嘉兴的回族人口多集中在城镇区域,分布在农村的很少。而关于嘉兴回族的历史和来源,以刘重尚等为代表的研究者曾经做过详细的考证和论述。[①] 嘉兴的回族人口还呈相对聚居状态,居住在嘉兴市区的回族人口有一千多人,而居住在所辖县(市)和农村的回族人口有两三百人。其中,居住在市区的又相对集中地分布在城东一带,以清真寺附近的东门和南湖街道人数最多。正是因为回族人口集中聚居的分布格局,嘉兴回民的穆斯林习俗较为幸运地被保留得比较完整,这在浙江省的其他市、县十分少见。因此,可以认为嘉兴的回族在浙江的穆斯林中具有相当的典型性和代表性,若是想了解浙江穆斯林的一些情况,可以参照嘉兴穆斯林。

嘉兴市地处浙江省的北部,是我国东南沿海地区经济发达和对外经济开发较早的城市之一。它下辖五个县(市)和城郊两区,主要包括嘉善、平湖、海宁和桐乡四个大的县级市,它"左苏右杭,负江挖海"与江苏省苏州市和上海松江区相邻,京杭大运河从城市南北穿过,境内河道桥梁密布,从宋元时期开始杭州湾沿岸的澉浦(今属海盐县)和乍浦(今属平湖市)就已成为港埠。

嘉兴素有"鱼米之乡""丝绸之府""文物之邦"的美誉,不仅如此,而且人杰地灵、文华物宝。较优越的自然地理环境和较发达的经济,为吸引海内外穆斯林居留嘉兴提供了十分有利的条件。有史料记载,从宋朝开始嘉兴就有穆斯林群众居住的记录。在北宋期间,为了满足对外贸易的需求,全国先后设立了六个市舶司[②],其中浙江地区市舶司数量占了一半,分别位于明州(今宁波)、秀州(今嘉兴)、杭州等地。从中不难看出,在当时嘉兴辖内便有全国举

---

① 刘重尚、郭成美:《浙江嘉兴的回族》,《宁夏社会科学》1992 年第 2 期,第 36—42页。

② 李絜非:《有宋一代的浙江史略》,《图书展望》1947 年复刊第 2 期,第 3—23 页。

足轻重的对外港埠了。其时,很多来自中亚和西亚的穆斯林经过海路乘船来我国经商,历史学上用"番客"两个字来称呼这些穆斯林商人,而这些人就是最早来嘉兴的回族先民。

靖康之变,宋朝政府迫不得已将都城向南迁。随着政治中心的转移,宋朝的经济重心也开始向南倾移。嘉兴得益于临近南宋都城临安,在经济上也变得越来越繁荣,辖内港埠澉浦对外贸易往来更加频繁。"今烟火阜繁、生齿日众"[①]"每岁招集舶商,于蕃邦博易珠翠香货等物,及次年回帆"[②]等被用来形容当时澉浦的情况,此反映了当时澉浦番客往来不绝、货物交易频繁的盛况。不仅如此,澉浦也设立市舶司。"澉浦市舶司的设立,始于宋淳祐六年(1246),元仍宋制。"[③]从澉浦经汉塘(平湖塘)可直抵嘉兴。嘉兴城东角里街一带,逐渐成为嘉兴地区甚至是京城与澉浦港货物交流中转的集散地。所以,穆斯林商人在角里街及其附近安家落户是极具可能性的。

据嘉兴回民中年长者讲述,宋朝的时候,不少穆斯林商人居住在角里街附近一带,在角里街东塔附近曾有较小的"麦斯志德",因此角里街后来也被称为"回族街"。宋室南迁,也使原来居留中原的穆斯林经京杭大运河乘船南下。而嘉兴是他们的必经之地,其中一部分穆斯林便在迁徙和往返中原过程中,选择在富庶的嘉兴安家落户了,这也许是宋时嘉兴穆斯林群众的又一来源。尚无史料可以直接证明宋朝穆斯林居留嘉兴的事实,但从当时辖内已有

---

① (宋)常棠:《澉水志》,1935年新修。
② (明)宋濂、王祎:《元史》志卷五三,食货二,市舶,元初年。
③ 徐硕:《嘉禾志》卷四—五,元至元二十五年。

对外通商港埠,中亚、西亚客商纷至沓来的盛况及民间有关穆斯林的传说,可以推断出宋时已有穆斯林在嘉兴定居。

我国回族的形成时期主要在元代,有"元时回民遍天下"之说。史料上关于元代回族定居嘉兴有非常详细的记载,在宋镰的《西域浦氏定性碑文》中是这样描述的:溥博,即浦仲渊,"占籍嘉兴卜魏塘镇居焉"。魏塘镇,便是今天的嘉善县县城。回族中当官的也不少,例如朝列大夫、嘉兴路总管府治中马合马,承德郎、嘉兴路总管府判官小云失海牙,嘉兴县达鲁花赤①(蒙语长官)舍剌甫丁②,嘉兴路嘉兴县丞札剌里丁等。元至正《海宁州安民碑》中还记有回族法忽鲁丁、兀伯都剌等。

元代嘉兴回族人口的主要来源有三个。第一就是回族兵,他们也被称为"西域亲军"随蒙古军南下。西域亲军南下嘉兴驻防主要为了防范"南人"(即南宋遗民)的反抗,而西域亲军也是由被蒙古族较早统治的中亚地区的色目人组成的。当时,嘉兴回族人口数量比杭州还要多,有"户四十二万六千六百五十三,口二百二十四万五千七百四十二",可见人数之多,所以嘉兴是"南人"的主要集居地。此外,元代统治者还调遣了数万回族兵到嘉兴驻防,并在

---

① 达鲁花赤是一种官职称谓,它是由成吉思汗设立的,被广泛用于元朝和蒙古帝国的政府体制中。它也被称为"达噜噶齐",是蒙古语,它的原意为"掌印的人"。成吉思汗在他统治的各城设置"达鲁花赤",也就是督官。达鲁花赤就是代表成吉思汗的军政、民政和司法官员,以《大札撒》为执政的根本。在元朝的各级地方政府里面,均设有达鲁花赤一职,掌握地方行政和军事实权,是地方各级的最高长官。在元朝中央政府里面,也有一些部门设置了达鲁花赤官职。达鲁花赤一般必须由蒙古人或色目人担任,这种做法被认为具有强烈的民族不平等色彩。明朝以后,达鲁花赤官职被废除。

② (清)阮元:《两浙金石志》卷十六,《重修嘉兴路总管府治记》《两浙金石志》,清光绪十六年。

至元十三年（1276）将嘉兴驻军改为嘉兴安抚司，下辖嘉兴、海盐、华亭（今上海松江）、崇福（今桐乡一部分）四县。① 据张志诚笔下的《上海穆斯林简介》记载："在公元 1295 年即元贞元年，元朝的政府官——西域回民赛典赤·纳速拉丁担任松江府（达鲁花赤），部下跟随他从浙江嘉兴来松江者三万人（亦有说几万人）。元至正年间（1341—1368），真教寺在松江城西景家堪之北厂被创建。"这些西域亲军驻扎之后开始屯田从耕，以后便定居了下来。

第二，从海路到我国经商的穆斯林商人相继来到嘉兴，这些人中的一部分人因为种种原因居留嘉兴，也就进一步壮大了嘉兴回族的队伍。宋朝澉浦被辟为外港后，元代乍浦也被辟为对外贸易港埠。乍浦设置了"市舶司"，有"元通海道，番舶骈集"的景象。"乍川一利薮也，牛场鱼市，货别队分；象贝鲛珠，商骈贾凑。"古有诗曰："芙蓉九朵列青山，夕汐朝潮白往返。旧浦未湮通海口，蕃船直达圣塘关。"由此可见，当时乍浦的繁忙程度已经不亚于澉浦港了。

第三，是从杭州迁徙而来的。明万历年间的《嘉兴府建真教寺碑记》中记载了"教人独杭省为最蕃……其衍在禾郡者，久阙建寺"，由此可见，明时嘉兴的回民不少是居留杭州回族群众的后裔。

嘉兴回族处于稳定发展的阶段应该是明朝和前清时期。明朝初期，明朝统治者对外实行"通贡不通商"的政策，只许外来贡舶入口，却不许商舶靠岸，而本国商船更是明令禁止出海。两个一度为中外交流和促进贸易繁忙的港口——澉浦和乍浦，逐渐被冷落。

---

① （清）许瑶光、吴仰贤：《嘉兴府志》卷一，清光绪年间。

有"明初罢不复设(市舶司),豪商大贾散去,二镇城民居为之萧条"的文献记载。

自明朝以后,再无中亚、西亚穆斯林在嘉兴进行经商贸易和留居。而一些宋元以来定居嘉兴的回族,经过了数个世纪的繁衍发展,已逐渐形成了一些大的群体居落,产生了一些回族大姓,如徐、郭、金、沙、马、杨等。1972年,对回民墓地进行普查,统计出尚存徐、郭、金、沙、马等各家坟地26块,共计68亩。但不少回民反映,先辈们置下的坟地应远不止这些。沧海桑田,年代久远,散失了很多也是无可厚非,也许会有很多坟墓石板散落田头、河边等,或者有的被乡民用来铺路搭桥。新中国成立初,嘉兴的回民曾一次性收集了大小石板300余块。在明朝时期,当时回民集居的角里街,也曾有十分繁荣的景象。明朝时期伊斯兰教在嘉兴有了显著的发展,最明显的标志是公元1602年(明万历三十年)嘉兴清真寺的修建。文献中有详细记载"今教人马仲律等而各量力捐金,贸得隙地,于治东之通济桥南,稍仿杭制启建"。从此以后,嘉兴成为该地区穆斯林的活动中心。

在清朝前期,清政府对伊斯兰教虽不像佛教、道教、儒教那么尊崇,但对他们还是持包容的态度。鉴于此态度,嘉兴的回族得到进一步发展和壮大,嘉兴地区回族人口数量越来越多。他们一起维修和保护清真寺,平日里置身其中沐浴礼拜,遇到一些国家重大的节日和活动会一起在清真寺里面庆祝。到了清朝后期,统治者腐败无能引起了各种社会矛盾,回族群众受到压迫和歧视,因此很多回民在这个时期揭竿起义。尤其是在太平天国战争时期,"回族街"角里街曾被付之一炬,漫天大火烧得角里街只剩下残垣断壁,有民谣云："角里街,傅家村,长毛时期化灰尘。"而之前回民们做礼拜的清真寺成了驻军羁马的地方。就连讲堂内两根圆柱的下面到现在还留有缰绳牵勒、战马咬嚼的痕迹。由于战争和屠杀,嘉兴回族人口数量大大减少。"浙江嘉兴县战前公元 1838 年(道光十八年)有近五十二万人,战后公元 1863 年(同治二年)只剩下十五万八千多人"[1],特别是处于社会底层和被清廷歧视的穆斯林,受到的打击和伤害的程度更加严重,加上他们人口数量本来就比较少,所以幸存者也就寥寥无几了。因此,现在已经无法找到早期定居在嘉兴的穆斯林后裔了。

先期定居在嘉兴的穆斯林,根据其来源和集居地的特点,可以推测他们在经济和文化方面主要是以从事商业经营为主的。在这个过程中也曾出现过社会经济地位比较高的豪门望族,像号称"沙百万"的沙家,爱好金石书画、世代书香的金家,开设银楼的郭家。明代的回民蒋汝成拥有一手修复古玩器具的绝活,但凡是发生破损的古铜、古窑、古琴之类的东西,经他之手很快可以修复完好如初。

今天定居在嘉兴的这些回族群众,绝大多数是 20 世纪初期以来从山东和河南等地避难逃荒过来的穷苦回族农民及其后裔,他们之中百分之五十左右是河南柘城韩姓回民的后裔,因此也被称为"韩家大户"。也有少数回族群众是在新中国成立后因工作调动或学校毕业分配从外地迁入到嘉兴的,就如当年的秦山核电站建设,一共增加了十多户共 66 口回民。嘉兴市所辖县(市)的城镇如

---

[1] 胡绳:《从鸦片战争到五四运动》,人民出版社 1998 年版。

桐乡崇福、平湖镇、海宁硖石定居的回民主要是从安徽迁过去或者由嘉兴转迁去的,有时候迁过去的家庭多则十来户,少则几户。

新中国成立以前,嘉兴的回民多数是以经营饮食为生,其中多数人是以卖大饼油条、屠宰牛羊为业,这些生意起早贪黑、本小利薄,还很辛苦,因此他们的生活比较贫困并处于社会的底层。那个年代的回民们大多数都居住在阴暗矮小的草棚中。现在嘉兴清真寺还保存着一张抗战胜利后不久拍摄的照片,照片上是一群衣衫褴褛的回族妇女儿童,他们列队站在数十包外国"救济"大米前面,在他们的背后是破旧的草房和残垣断壁,这确确实实是当时嘉兴回民生活的真实写照。1946 年,"嘉兴回教救济院"建成,主要的工作任务就是致力于回汉贫民的救济和帮助。在工作的过程中发现回民的文化水平普遍较低,他们中大部分人是文盲,因此能去学堂识字读书的人并不多,由此导致了回民子弟进中学者凤毛麟角,更别提能入高等学府深造了。抗日战争胜利后,回民中的有识之士为提高嘉兴回族的文化水平,不辞辛劳、因陋就简地创办了"建生小学",后来更改名字为"清真小学",吸收了很多回民子弟入学就读。以后又陆续创办了几年"清真女学",其专门向回族妇女传授伊斯兰教知识。所以在新中国成立前,嘉兴回族的经济和文化完全是处于一种落后的状态。

新中国成立后,在党和政府一系列民族好政策的帮助下,嘉兴回民的生活水平有了显著的提高。大部分民众还住进了住宅楼,昔日的旧草棚现在已经荡然无存,有的回族家庭甚至盖起了两层楼房,嘉兴的回族终于与全国回族同胞一样,在经济、文化和政治上彻底翻了身。他们可以选出自己的代表,去参加各级人民代表大会,参与管理国家大事。新中国成立初期,国家在原清真小学的基础上,又拨款建造了"嘉兴回民子弟小学校",所有适龄回民儿童都可以进校门进行小学教育,近年来又普及了初中教育。继1963年嘉兴回民中诞生第一个大学生以来,先后有若干名回民子弟考取了全国各地的高等学校,他们有的毕业后选择回到嘉兴为家乡的发展提供各种服务,也有的选择分配到全国各地成为各条建设战线上的骨干。

# 第一节 嘉兴掼牛

## 一、嘉兴掼牛的起源

关于嘉兴掼牛的起源主要有两个版本的研究报道：第一种是自元代开始，河南等地区的部分回族人民由于战乱和生存、生活的需要开始陆续迁徙至嘉兴，在繁重的劳动和生活间隙，他们开始寻找适合自己的休闲娱乐的方式，因此他们田间劳作所依靠的牛逐渐被带入活动中来。最开始的时候就是比谁的力气大能把牛掰到，随着时间慢慢发展成为节庆、喜事中的表演助兴的摔牛运动，经过几百年的发展进而演变成现在的掼牛运动。第二种说法是嘉兴回族人民在庆祝穆斯林的传统节日"宰牲节"时，有一套固定的穆斯林宗教仪式，在这个仪式上有一部分内容是将一头牛掼倒，伴随时间推移慢慢发展成现在的掼牛运动。不管掼牛运动的起源是上面的哪一个，掼牛运动现在已经成为嘉兴回族的重要标志，而掼牛运动经过几百年的演变传承和发展，已然形成了深厚的文化底蕴。它不仅仅是嘉兴回族文化的"活化石"，也是全国回族文化的重要组成部分，因此传承和发展嘉兴掼牛就是对整个国家回族文化的重要保护。

在《嘉兴市志》中有这样的记载：在嘉兴回民中流行一种与牛摔跤的活动，这种活动被论证为掼牛运动，它是嘉兴市回族人民的一种传统体育运动项目。在每年的开斋节和古尔邦节上，这一项目的表演是必不可少的。掼牛技艺包含了对牛的单臂摔、双臂摔、扛摔、肩摔等技术，评价一名运动员将牛摔倒动作水平的高低主要依靠下面的三个等级标准，分别为"失蹄""倒地"和"四脚朝天"，这三个中的"四脚朝天"为动作完成质量的最高水平。掼牛运动在1954年嘉兴市第四届运动会上有过简单的摔牛表演之后，这种嘉兴回族群众性传统体育项目曾经在相当长的一段时间里从人们的视线中消失了，现在随着国家经济和民族政策的改变，这项消失很久的运动又回到回族群众中来了。

近年来，各级政府加强了少数民族文化大繁荣、大发展战略，给予了嘉兴掼牛很多支持，嘉兴掼牛运动在2008年和2009年相继被列为嘉兴市、浙江省非物质文化遗产项目，并于2011年被评为国家级非物质文化遗产项目。韩海华被评为浙江嘉兴掼牛国家级非物质文化传承人。因此，嘉兴掼牛不仅是回族文化的重要组成部分，还体现了嘉兴回汉两大民族和谐相处的历史和祖国文化对少数民族优秀文化的包容性。同时掼牛士在表演场上那饱满的精神状态、娴熟的掼牛技巧，在给观众以强烈的视觉冲击的同时，对鼓舞人的士气、增强精神和民族凝聚力及促进少数民族文化大繁荣、大发展有很重要的意义。

## 二、嘉兴掼牛口述资料

韩海华，回族，1954年生，国家级非物质文化遗产项目"掼牛"运动非物质文化传承人。其从7岁的时候开始练习武术，在9岁时拜上海著名的武术家李尊思为师，跟随其练习查拳与心意六合拳，在20岁的时候开始随其父亲练习掼牛技艺。在1982年内蒙古举办的第二届全国少数民族运动会中，韩海华依靠一招漂亮的动作将一头壮牛轻松地按倒在地，这让当时在现场观看掼牛比赛的国务院副总理万里感到非常惊讶和佩服，他赞道："这个项目真正具有中国民族传统体育特色，不愧是'中国式斗牛！'"韩海华也由此被冠上"中国式斗牛第一人"的美称。之后，韩海华曾任浙江省嘉兴市政协委员、浙江省摔跤柔道协会委员及嘉兴市武术协会副主席。

韩海华现担任浙江省嘉兴市海华武馆馆长，正在大力推进嘉兴掼牛和江南船拳两项武术运动的发展。他曾多次参加浙江省、全国少数民族运动会，获得了很多奖项和荣誉称号，其中"中国式斗牛"与"心意六合排打功"两项特色武术节目在各种比赛中屡次获奖。"中国式斗牛"，这项富有回族民族传统体育特色的武术项目，分别被录入体育历史知识丛书《民族体育集锦》和大型新闻纪录节目《民族体育之花》。在中华人民共和国第五届全运会上，其凭借"排打功"和"醉八仙"荣获优秀节目表演奖。韩海华不仅武艺精湛，并且极具表演天赋，曾在《大凉山传奇》《大上海风暴》《国际大营救》等几十部影视作品中出任主角，还曾在若干影视片中兼任武术设计。2015年中央电视台体育频道《体育人间》栏目专门报道了韩海华在推广和传承嘉兴掼牛和江南船拳方面所做的贡献。

从1982年获得"中国式斗牛第一人"称谓，到2009年3月被香港金庸先生题词"中国式斗牛士"，韩海华始终满怀着关于中国武术的光荣与梦想。经过韩海华的传承与发展，"掼牛"项目已演变确立为"嘉兴掼牛"。为了使该项目更具观赏性，在多年的摸索和积累过程中,韩海华编排了一整套紧凑而精彩的"中国式斗牛"程序:牛角吹响开场号;"挑逗士"牵牛进场介绍牛的品种和特点,然后进行各种吸人眼球的表演,激起牛的兴奋;随着激奋的背景音乐响起,身着鲜艳民族服饰的斗牛士和助手上场,合演排打功热身,在四面牛皮鼓擂响的《壮行曲》中,助手接过主斗的斗篷后退场,主斗开始表演斗牛,经过一串串激烈、勇敢的动作,直至把牛按倒在地。

## 关于与"嘉兴掼牛"的缘分的口述

我在1982年代表浙江省代表团参加在内蒙古举办的第二届少数民族运动会,并在这次民族运动会上将我们嘉兴回族掼牛作为表演项目受邀参加,我很荣幸在这样的一个大会上代表本民族表演特色的项目掼牛。表演项目影响和反馈很好,观摩民运会的时任国务院副总理万里称赞这个项目真正具有中国传统民间特色,不愧为"中国式斗牛"。到2008年、2009年,嘉兴掼牛相继被列为嘉兴市、浙江省非物质文化遗产,并正式申报国家级非物质文化遗产,并于2012年被列为国家非物质文化遗产项目[①],本人也被评为嘉兴掼牛非物质文化传承人,我为此项目的发扬光大整整辛苦努力奋斗了28年。

我是1954年7月生于嘉兴回族世家,7岁时随父习武,9岁时拜上海著名武术家李尊思为师学武艺,后又师从大红拳传人王亮

---

① 非物质文化遗产:指被各群体、团体,有时为个人所视为其文化遗产的各种实践、表演、表现形式、知识体系和技能及其有关的工具、实物、工艺品和文化场所。

臣、"中华武林百杰"大刀李青山老师,练习心意六合拳、查拳、摔跤、中国式斗牛等各式武艺。作为回民,我在很小时候就知道在宰牛前要有阿訇①念经,因阿訇是文人,需武士帮助制服那头牛。

而武术和摔跤一直是回民喜欢和擅长的。冬练三九夏练三伏,习武之人要能吃苦不怕累。我花了很多年时间在练习各种武术技能,武术练习增强了我的体质和身体力量。年轻的时候感觉自己力量很大,在嘉兴回民习武众人中功力比我强的没有几个人。我那个时候不仅勤练"斗牛"绝技,而且在"斗牛"上尝试表演创新,将传统的表演增加了斗牛前先走鸡步、虎步、龙步……总共有 10余种动物的形态模仿。斗牛士排打热身,对牛进行拳打脚踏等环节,将牛逗怒,在牛追逐斗牛士的过程中将牛摔倒,不仅增加了摔牛难度和惊险,而且观赏性更强。同时我感觉到如果单纯在"斗牛",没有音乐的话,感觉气氛上不够热烈,所以我开始尝试在"斗牛"时候加上民族音乐作为背景,后来反响非常好。另外我还主导设计制作了斗牛士民族服饰,使得该项目文化底蕴深厚,观赏性强,可与西班牙"斗牛"媲美。

1981 年,我入选了浙江省少数民族运动会体育代表团,出席在沈阳举行的全国少数民族传统武术观摩交流会并获得第一枚金牌。随后参加了第五届全国运动会和第三届和第四届全国少数民族运动会,其间获得过很多次冠军金牌。在 20 世纪 80 年代,在我的倡导和主持之下先后在嘉兴成立了回族摔跤队、回族武术队、嘉

---

① 阿訇(hōng):回族穆斯林对主持清真寺宗教事务人员的称呼,在波斯语地区是对伊斯兰教教师的尊称。

兴市柔道队。我还被聘请为驻嘉兴市武警部队的散打与擒拿格斗的教官,被嘉兴学院学生武术协会聘请担任他们的武术指导教练,此外我还负责向很多武术爱好者教授武术技艺。

1992年起,我担任嘉兴市武术协会副主席,2007年担任南湖区首届武术协会主席,协调、指导嘉兴开展群众性传统体育和竞技体育。目前,"中国式斗牛"和"心意六合拳"在"嘉兴武林"享有极高的知名度。

从2003年至今,我带领我的徒弟们连续参加了香港国际武术大赛、浙江省国际武术大赛等,获得了100多枚金牌。2005年,作为嘉兴市民间艺术的友好使者,率嘉兴市人民政府武术代表团出访了韩国。2009年3月4日,在香港九龙湾国际展贸中心举办的2009年第四届香港国际武术比赛暨国际健身气功展示会上,由我率领的江南武侠武术团表演了江南七怪武术、江南船拳等传统武术,在香港武术界引起了很大的轰动,那次比赛我们代表团共拿到49枚奖牌。比赛结束后,新派武侠小说家金庸先生特别会见了我们。大家都知道金庸先生的祖籍是嘉兴,他非常热情地会见了我们这些来自家乡的"武林人士",在对家乡的武术发展表示肯定和赞赏后,金庸先生告诉代表团,他正在筹划一本图集,准备将我的武术绝技编到图集中去,并希望我们嘉兴的武术绝技更加精益求精、发扬光大。①

---

① 李持真:《嘉兴掼牛》,《浙江档案杂志》2009年第6期,第9页。

## 三、嘉兴掼牛的表演程序

### 关于掼牛表演程序的口述

经过这么多年的发展,我们嘉兴掼牛已经形成了自己的特色。在进行表演之前,首先要营造一种热烈的气氛。此时,参加运动的人员要整队,认真聆听师傅教导,然后再按照领队人员的要求和口号,整体进行武术表演,从而唤起运动的热情。在牛的选择上,一般要求成年的、体格十分壮实的水牛和黄牛,这些牛犄角丰满、姿态雄壮,而且斗志较高;由于水牛斗志相对较差,所以基本上选用黄牛参加。

表演程序如下:

第一,选牛。理想中的牛是有着雄壮的姿态、积极的斗志、丰满的犄角、壮实的体格,一般选择成年的黄牛或者水牛,同时,重量要在一千斤以上。考虑到水牛的斗性不是很好,所以现在的掼牛士通常都会选用成年黄牛进行表演。

第二,掼牛准备。首先由助手将牛牵上场,在牛角号声中带领着牛绕行一周。紧接着开始对牛进行挑衅,使牛性情大发。再是掼牛士在牛皮鼓声中登场。最后助手离场,斗牛开始。

第三,掼牛开始。在狂躁的牛面前,掼牛士要看准时机,用双臂抵住牛角并扳向外侧。牛在此时会剧烈挣扎,就在这当口,掼牛士需要肩顶牛下颚,手缠牛颈,通过自身力量使得牛失去平衡。这时候顺势往牛颈加上身体的重量,一头强壮的公牛就被摔倒在地。

在嘉兴的掼牛中有着严格的分级评判规则。最初级的(初段)

被称作双臂单腿别摔,简单来说是可以利用腿的劲道别倒公牛;高级一些的段位(二段)被叫作双臂摔侧,这个段位有别于初级在于其中已经禁止借助别腿动作来将牛摔倒;再高一级的段位(三段)肩扛摔中则完全不能使用别腿;最高级别(四段)需要以头发力,所以被称为顶摔,对掼牛士功力底蕴要求也最高。

同时,在对牛摔倒时的状态进行评判可以确定本场掼牛士的发挥好坏并给出相应的分数,借此来估计出掼牛士所在的段位。牛摔倒的状态则包括了"失单蹄""失双蹄""四蹄全失"及最高难度的"四脚朝天摔"四种。

现在我梦中场景可以得到实现了,在嘉兴南湖区建成的体育公园里有专门为掼牛建设的场地和掼牛广场。

体育公园占地共达 41 亩,并将斗牛文化这样阐述:如今我们应该加强对掼牛文化的认知,好好地传承和发展掼牛文化,将掼牛运动推向市场让其产业化发展,力争将掼牛发展成特色旅游文化项目。将嘉兴掼牛这个珍贵的非物质文化遗产代代相传下去,不仅可以起到强健参与者之体魄、娱乐人民大众之身心的作用,更可以活化文化产业、加强精神文明建设。

## 四、嘉兴掼牛的传承

### 关于"嘉兴掼牛"传承的口述

掼牛在嘉兴的历史由来已久,也有人用中国式斗牛、摔牛和甩牛来称呼这项运动。掼牛和西班牙斗牛有很大的不同,西班牙斗牛在表演开始的时候,斗牛士的助手会利用十字花镖刺破牛的身体去激发牛的野性，斗牛士在最后一刻还要用花剑刺破牛的心脏，这样现场看起来非常的血腥。而掼牛只是按照一定的动作将牛摔倒而已，主要依靠掼牛士的武术内功、摔跤和硬气功与牛搏斗。它是勇敢者的游戏，是集力量和智慧于一体的运动项目。练习武术的人不能打架，但与牛搏斗将其摔倒，既证明了自己的实力也给他人带来了乐趣。在 2007 年之前，因为工作的原因我很久没有进行掼牛运动了。2007 年底，在嘉兴市各级政府的重视和推动下，我重新开始了掼牛技艺（的传授），招收了入室弟子，并开设海华武馆进行武术教学和掼牛文化的传承和发展。我一直认为，中国式斗牛这个传统文化项目在如今可以说是碰到盛世，体育和文化越来越受到重视，嘉兴掼牛同样得到了政府和有关部门的重视和扶持。

嘉兴处在江浙沪长三角地区的中间位置，我一直在思考如何通过掼牛为嘉兴的旅游和文化建设做点贡献。我现在相信在不久的将来，掼牛运动一定会重新回到嘉兴群众的生活中来。

目前，在即将动工兴建、占地 41 亩的南湖区体育公园设计图纸中，专辟了斗牛馆及斗牛广场，并在说明中提及：以市场化方式推进"嘉兴掼牛"项目的传承和发展，使之朝着文化旅游项目产业化方向发展，科学认识其价值并保护和利用，达到参与者强身健体、人民大众娱乐身心和增广见闻、文化旅游产业活力发展的目的，把"嘉兴掼牛"这个珍贵的非物质文化遗产，以完美的形式传承下去。

我本人因为研习武学和掼牛的经历和影响力，在年轻的时候被很多电影导演相中邀请去拍电影，相继在《少林俗家弟子》《大凉山传奇》《国际大营救》《洋妞寻师》等 30 多部影视剧中担任"斗牛士"、武术指导和重要演员角色。另外"中国式斗牛"、排打功、疯魔铲、醉八仙等武术项目还收入了中央新闻纪录电影制片厂拍摄的《中国硬气功》《民族体育集锦》等纪录片内。我们的嘉兴掼牛与西班牙斗牛不同,须有武术内功托底,有摔跤的灵活性,有硬气功的爆发力。它是凭着勇敢、力量和智慧,赤手空拳与牛搏斗,靠灵活和技巧的运用将牛掼倒。西班牙的斗牛很血腥,中国其他地方的斗牛则大多是两头牛之间的互顶,而人和牛都凭力气比高低的,就要数独特的嘉兴掼牛了。

非物质文化遗产是一种文化资源和文化资产,挖掘、保护好当地的非物质文化遗产不仅能够丰富文化内涵、打造旅游品牌,而且对社会全面协调可持续发展有重要的意义。我自己梦中经常有这样一个场景:

在一个古罗马斗兽场一样原始而古朴的空旷场地上,在威武雄厚的牛角声中,来自世界各地的各式牛群缓慢而有序地列队进场并绕场一周后退场。身穿黑色丝绒功夫表演装的武士们相对而站,表演互相对拍的排打功,随后刚毅、勇猛、粗犷的斗牛士出场,经过激烈的人牛交锋,最终将牛掼倒……

现在我梦中场景可以得到实现了,占地41亩的南湖区体育公园现在已经设计完成,里面专辟了斗牛馆及斗牛广场,并在说明中阐述:以市场化方式推进嘉兴掼牛项目的传承和发展,使之朝着文化旅游项目产业化方向发展,提高科学认识其价值并保护和利用,达到参与者强身健体、人民大众娱乐身心和增广见闻、文化旅游产业活力发展的目的,把嘉兴掼牛这个珍贵的非物质文化遗产以完美的形式传承下去。

从20世纪90年代开始,由于受到经济和社会的发展,还有诸多其他客观方面的影响，嘉兴掼牛训练和表演逐渐减少，时断时续。掼牛表演所使用的牛并不是嘉兴当地的水牛，而是来自大西北的黄牛。黄牛力气更大一些，这样在表演的时候观赏性会更强。而西北黄牛的价格一头大约在一万元左右，因此需要投入大量的资金，这大大阻碍了嘉兴掼牛的发展。

此外，由于掼牛运动群众基础较差，参与其中的人并不多，通常来说，任何一个体育项目的发展，良好的群众基础是前提，这样一来，只有从事这个项目的人多起来，嘉兴掼牛才能够更加健康地发展。之前，我受传统观念的影响，招收的学徒很少。另外，掼牛项目训练需要有一定的武术基础，这也让训练选材难上加难。不仅如此，由于各种各样的原因，1992 年之后的一段时间，嘉兴掼牛一度沉寂，就连跟随我学习武术和嘉兴掼牛的入室弟子也一度停止了专业训练，在某种程度上，这极大地影响了此项运动的持续发展。最后是传承地域生态遭到破坏，嘉兴掼牛本身是嘉兴回族同胞的传统项目，它需要有良好的发展土壤。最早嘉兴回民主要聚集在南湖区甪里街和环城南路一带，但是随着嘉兴的旧城改造，回民被迫分散到嘉兴不同地方，大家要想聚在一起练习和表演掼牛就变得十分困难。

## 关于《武术已成为我生命的全部》的口述

我于 1954 年 7 月出生在浙江嘉兴。自 7 岁起便跟随父亲韩忠明习武，习练七式拳。9 岁那年，父亲送我到上海的著名武术家李尊思门下习武，后来又师从"中华武林百杰"、大刀李青山，并拜大红拳传人王亮臣为义父，投身学习心意六合拳、大红拳、查拳、硬气功、摔跤及掼牛绝技。师父从小就教导我，习武重武德，只为强身健体，绝不可欺弱称霸。我对身怀绝技的师父仰慕不已，佩服得五体投地，发自内心喜爱武术，憧憬自己能早日练就一身好武艺，就如师父那样，不仅如此，最重要的是要有受人尊敬的品行。

我喜欢练武，从不怕苦喊累。小时候，我终日在家门前的空地上习武，一天练上四场。清晨练第一场，上、下午各一场，晚饭过后再练一场。为了练好排打功，我长年累月拍打家门口的一棵大树，谁知那棵树因此而枯死。我有时练功会用身体撞击门口的电线杆，剧烈的震动带动了电线，使得屋里电灯忽明忽暗。那时我父亲在嘉兴东门处开了家回民饮食店，每天下午练完武术，不管多累，我都会去帮忙，因为有一个无法拒绝的理由：牛肉包子、饺子、牛肉汤任我吃喝。在那个年代，那可是了不起的待遇啊！不得不说，那对我强身健体至关重要。每次从师父那里学武回来，除了和师兄弟们比摔跤外，也会为了显示自己的彪悍，毫无畏惧地去屠宰场比摔牛，和"臭脾气"的牛一较高下。正是因为长年累月的勤学苦练、营养得当，年轻的我就凭借我的膀大腰圆、力大无比、武功超群，在师兄弟中脱颖而出。

21岁那年，我成为一名炼钢工人，在嘉兴冶金机械厂工作。在车间劳动时，钢坯通常都是靠工人们用行车来吊的，而我却常徒手搬运，权将它当作一种体能锻炼，乐此不疲。每天下班后，不管是不是累了，是不是不开心了，我都雷打不动地打拳练功。哪怕工作上有点不愉快的事，打拳练完功后，就感觉都释放了，心情也好了。那时，我已经被奉为冶金厂里的大力士了。

20世纪80年代初，我和志同道合的朋友们一起组建了嘉兴第一支回民武术摔跤队，经常参加比赛，在嘉兴小有名气。可喜可贺的是，在1981年，李青山和我被选为浙江省体育代表团成员，参加了在沈阳举办的全国首届少数民族传统武术观摩交流大会，我荣获了第一枚金牌。后来，我又陆续参加了第五届全运会和第二、三、四届全国少数民族运动会，功夫不负有心人，获得了各种奖项。可以说，对于那时的我，除了上班就是习武，武术成为我生活的非常重要的一部分。我对习武充满了激情，很难想象如果我不习武会怎样。在那之后，我和一些朋友相继创办了嘉兴市武术队、市摔跤队和市柔道队。

南湖区武术协会是在2008年成立的，在它成立之后，嘉兴市政府和南湖区政府高度重视并且积极推进当地武术拳种的传承。那时，我和师兄蔡光圻一起开始挖掘整理船拳资料，并将其定名为江南船拳。我们的工作团队四处走访江南水乡的民间拳师，拜访整理之后，我们在周荣江大师整理出来的船拳套路的基础上，结合了船拳的历史和自身习练船拳的经验，最后整理出了江南船拳的发展演变史及拳谱。我们取其精华，去其糟粕，编成江南船拳习练套路和器械套路，还具有创造性地总结了船拳的比赛套路和普及套路。此外，我在艺术方面也做出了一定的努力，编创了一台大型船拳武术舞台剧，名叫《江南武魂》。剧中的江南船拳、越女剑魂、江南七怪都已经成为展示船拳精华的必备节目，至今已公演50多场，着实为传承弘扬船拳做出了力所能及的贡献。在2009年，我开始致力于江南船拳的教学工作，为的就是普及船拳。我先后在光明小学、辅成小学等十几所学校及企业、部队、社区等单位进行船拳的教学工作，另外还组建了江南船拳武术队。我觉得那十分有意义,也十分有意思,教学不仅仅是教,还有交流、切磋,这让我受益匪浅。除此之外,我还在区武术协会开设江南船拳高级培训班,受到很多人的欢迎,前来学习求教的人络绎不绝。近几年来,我们每年都会积极地组织江南船拳比赛,培育了一批又一批优秀的江南船拳选手。令人兴奋不已的是,现在江南船拳已入选区、市、省的非物质文化遗产名录,嘉兴老一辈武术家振兴家乡武术拳种的梦想终于实现了!

学拳明理,习武崇德。练武 40 多年来,在我手下的弟子近千名,坦白地说,的确令我感到骄傲。弟子韩乾 17 岁时就在香港国际武术大赛江南船拳比赛中荣获第一名。我曾受聘担任嘉兴武警部队擒拿格斗教官,担任嘉兴学院武术协会总教练,出任市武协常务副主席和区武协主席,并且连续多年率团出访、参加国内外的各项比赛,获得了不错的成绩,先后获得 200 多枚金牌。2011 年,我在嘉兴成立了当地首家武馆——海华武馆,其特色便是省级非物质文化遗产项目——船拳,致力于传承中华武学精神,弘扬地方武魂文化。相信将中华武术精华和地方特色武术文化进行有机的结合,另外通过武术展演等一系列产业形式,定会进一步扩大江南船拳的影响。在中央电视台等几十家国内外媒体跟踪报道下,海华武馆在海内外声名鹊起。现在,打实基础、扩大影响、因势利导就是我的主要工作,于是要求我做好以下几件事:一是继续扩大海华武馆的规模和影响,培育武术骨干和教练;二是寻求新路,开拓新思维,努力拓展校园体育文化,发挥学校示范教学基地的作用,争取将掼牛和江南船拳列为中小学本土化体育教学的项目;三是提高江南船拳的比赛频率,争取将江南船拳列为嘉兴市甚至是浙江省运动会的比赛项目;四是做好宣传工作,组织人员进行非物质文化遗产武术项目的市场化运作和展演,同时开展非遗项目文化的挖掘和研究。我的梦想是将江南船拳从传统的体育项目发展为竞技项目。另一方面,从体育活动发展为体育文化产业,让江南船拳从嘉兴走向全中国、走向海外。这是我坚持不懈的努力方向,因为武术已成为我生命的全部。[①]

我希望嘉兴能专门建立一个斗牛馆,以嘉兴便利的交通,不仅能吸引全国各地甚至世界各地的游客,还能让掼牛这个珍贵的非物质文化遗产得以传承下去。

钱塘江沿岸镇江铁牛

---

① 董雄、陈天传:《武术已成为我生命的全部》(韩海华口述),嘉兴市南湖区档案局,2014年。

### 五、嘉兴掼牛的文化解读

西班牙人用红布斗牛,并在最后时刻用十字花剑让牛倒下;墨西哥有奔牛节;美国西部牛仔有骑牛比赛。牛力大无比,又无比倔强,因此它成为人类喜欢却又富有挑战的对象。我国的贵州山区等不少地方也有在节日里表演斗牛的,但显然和韩海华的掼牛相去甚远。中国其他地方的斗牛大多是两头牛之间的互顶,而人和牛都凭力气比高低的,大概就数独特的掼牛了。

经过多年的摸索和积累,韩海华还编排了一整套紧凑而精彩的"中国式斗牛"程序:牛角吹响开场号;"挑逗士"牵牛进场介绍牛的品种和特点,随后进行挑逗激起牛的兴奋;中国式斗牛士的主斗和助手上场,先是两人合演排打功热身,然后在由四面牛皮鼓擂响的《壮行曲》中,助手接过主斗的斗篷后退场;主斗开始表演斗牛,直到把牛按倒在地。都知道牛力气最大,脾气最倔最难制服。制服牛的秘籍是要用中国武术内功托底,有摔跤的灵活技艺,有硬气功的爆发力。因此,"中国式斗牛"必须要有中国功夫。

其中掼牛的乐趣,就在于用自己的力气把牛制服。习武之人不能和人打架,而和牛打架是一件既能证明自己能力又非常有乐趣的事情。"中国式斗牛"这个传统文化项目在如今可以说是碰到了盛世。韩海华在因为工作等原因而"阔别"斗牛多年后重新拾起这份爱好和技艺,不禁满脸充满着期待和喜悦。

体育和文化正越来越受到重视,嘉兴市处在长江三角洲的中间地带,拥有景色宜人的自然环境和便利的交通。韩海华老师一直在考虑通过掼牛为嘉兴的文化和旅游做一些贡献,他希望嘉兴能专门建立一个斗牛馆,上演高质量的嘉兴独有的中国武术经典项目。以嘉兴这样的便利交通,不仅能吸引全国各地甚至世界各地的游客,还能把"中国式斗牛"这个珍贵的非物质文化遗产以非常完美的形式传承下去。

在一个古罗马斗兽场一样原始而古朴的舞台上,在威武浑厚的牛角声中,来自世界各地的各式牛群缓慢而有序地列队进场并绕场一周后退场,身穿黑色丝绒功夫表演装的武士们两两相对而站,首先表演互相对拍的排打功,斗牛士出场,动作敏捷地把牛按倒……这是韩海华心目中"中国式斗牛馆"的演出画面之一。

# 第二节 回族重刀

## 一、回族重刀的起源

据传说，伊斯兰教先知穆罕默德英勇善武并精于剑术。很早之前，在广大回族人民群众中，《穆罕默德的宝剑》一书就已经广泛流传，有大量的模仿练习者。勇士哈立德的"安拉之剑"之名还是穆罕默德所赐。回族人民严格遵守先知穆罕默德的言行，他们认为练习武术自卫是"逊乃提"，它是一种圣行。

唐玄宗天宝十四年（755），"安史之乱"暴发。次年唐肃宗在广平郡王和名将郭子仪的拥戴下，即位于今天的宁夏灵武。唐肃宗至德二年，唐王朝为反攻"安史之乱"的叛军，向"回鹘"（今新疆维吾尔族前身）借兵。"回鹘"军队协助唐军共同打败了"安史之乱"的叛将，其中最主要的功绩就是在公元762年（宝应元年）打败和杀死叛军头领史思明后；协助大将军郭子仪收复洛阳。

清朝时期，与明代广为人传的"回民识宝"相比，清朝人对回族有了更深入一层的认识。其中乾隆皇帝曾对回族有"中土之回人，性多拳勇，哈其大姓，每多将种"的评价，这句众所周知的话代表了满庭朝野人士的普遍看法，也是当时的一个社会共识。在清朝时期，回族与各兄弟民族共同为建构、发展并完善中华民族的传统体育做出了卓越的贡献。回族人民的主要贡献是在武术、摔跤及与之相关联的一系列项目方面。

关于回族好武的缘由可以追溯到回族的形成初期。当时的回族先民中有大量来自军队的中、西亚人，元朝时为适应战争的需要，回族人被编入"探马赤军"驻防在全国各地，由此而形成了"大分散、小集中"的分布特点，而从军的经历也让他们在生活中保留了经常骑马射箭、舞刀弄枪的习惯。

到了元末，明朝开国皇帝朱元璋率领的农民起义部队，就拥有一批骁勇善战的回族将领。在历史的长河中，有很多兵荒马乱的时代，而且统治阶层出于"汉本位"的心理，往往对回族进行剥削压迫。回族人民感到势单力薄，于是就养成了尚武、好斗、团结的习俗，并把练武作为抵抗各种压迫的重要手段，由此形成了回族人热爱武术运动的习俗。回族的武术种类很多，历史上曾经被称为"昆仑派"，是我国四大武术派别之一。回族武术传统的命名应该是穆斯林武术或者是回族武术。一直以来，回族人民以"强健、勇武、团结和不畏强暴"而著称。之所以有这样的名称，那也是与回族崇尚武术有密切关系的，在全国各地都有回族群众练习和传承发展武术的事迹。

回族武术在不同的历史时期，在建设国家与保卫家园中的历史中有着卓越的贡献。它不仅仅象征着一种民族文化，同时也是中华武术的重要组成部分，在传承中华武术方面有着重要的贡献。回族民众在历史形态与文化形态的相互作用下，武术运动成为他们代代相传的文化遗产。它不仅传递了回族文化遗产的物质性与非物质性，还是华夏文明文化遗产的重要保护对象，更是自强不息、团结拼搏、英勇顽强的回族民众文化的重要组成部分。但是关于回族人何时开始习武，源自何处，受何人传授的问题，历史上并没有具体的记载和解答。但是从民间口头传承的故事中，"十大回族人保国"可以看到元末明初回族人习武的端倪。

虽然正史上没有详细地记载回族民众练武的原因，但是可以肯定的是回族先辈们习武的缘由与当时的征战有很大的关系。回族将士"上马则备战，下马则屯聚牧养"的生活状态和南征北战的经历成就了他们一身武艺。即使在屯田安居时回族人民仍以武健身，于是逐渐形成了这个回族武术早期的文化习俗。

此外，回族武术的起源和清朝时期回民受到的压迫和欺凌也有很大的关系。在清代，回族民众受到了很多冤屈，这也培养了他们以武防身的习武精神。在回族遭受歧视、镇压和屠杀，以致无路可走的情况下，只有通过强健自身的方式，才能够保护自我和保护同胞。于是，这个时期产生了许多文武双全的阿訇，他们一边传授教门知识，一边教习武术功夫。就是在这样的社会背景下，回族穆斯林习得一身武艺，并将习武逐渐沁入整个民族的文化意识当中，逐渐成为该民族文化中的一个重要组成部分。

回族穆斯林对于强身健体的健康要求，除了外显客观因素外，还与内隐宗教文化有关。因为伊斯兰教的传播者，穆罕默德圣人英勇善武并精于剑术，所以回族穆斯林就把习武作为教门中的必行之事。这大大促进了回族武术的传承，在民间谚语中就有了"南京到北京，弹腿出自教门中"一说。站在历史进程的角度看，回族武术从出现、发展，到如今的状况，都与该民族的历史形成即祖源息息相关。在回族东来及适应本土社会的过程中，国家的政治和军事状况是促成回族先辈因保家卫国而坚持习武的重要因素。之后，因为必须坚持习武自卫防身而得以传承发展，再后来逐渐融入该民族群体,成为一种文化习俗,反映在知识、信仰、艺术、道德和习俗多个方面当中,成为不可割舍的民族文化的重要组成部分,同时也成为该民族区别于其他民族的重要文化特征和因素。①

## 二、回族重刀的近代化过程

强健、勇武、好锻炼、不畏强暴是回族所具有的民族性格。几百年来,崇尚武勇作为回族人民历史文化的一个显著特点,逐步演变成了回族的民族体育传统和一种人文精神,被许多地区的回族群众保持至今,并将之发扬光大。从古至今,只要是有回族人民聚居的地方都会有尚武的习俗。例如,自唐代起,有回族人民到西安定居,因而回族人练习武术的习俗在西安代代相传一直到现在从未间断,无论年幼老少,练武的风尚都很浓厚。南方的回族同样好武和擅长武术,一直保持着自己本民族的特色。河南、河北、山东等地的回族人民更是喜欢练习武术,他们将自己熟悉的武术技艺世世代代传承。

大刀是京津一带的一种传统兵器,在我国已有数千年的历史,也是回族重刀武术的原称。目前重刀武术发展和传承比较好的地区是天津,在浙江嘉兴回族群众中也有人在练习,现在嘉兴海华武馆里面还摆放有重刀,韩海华老师和他的徒弟们还会为前来参观的人表演回族重刀武术。明成祖初年,回族重刀正式成名。相传燕王朱棣有一位金陵籍回族将领,征战时习惯使用一把六十斤重

① 王笑:《作为非物质文化遗产的回族武术的传承与发展》,《回族研究》2013 年第 4 期,第 139—141 页。

的大刀，他跟随燕王北伐平定天津，而后举家迁至天津，之后就出现了津门曹氏大刀，世世代代相传。传承至近现代，其传人曹金藻的大刀已加到一百六十斤重，由此演变成为一种强身健体的器械。曹金藻在传承和发展过程中还将"北派少林"的长拳、桩功与重刀技艺融合在了一起。曹大侠行侠仗义，武艺超群，与霍元甲并称为"回汉双侠"。曹克明——曹金藻之子，继承父业，结合本门功夫中刀、礅、抱石、拳铲等基础技艺自创了"曹门刀式"，而后又在天津市组建了第一个"回族大刀花样举重队"，将"弘扬武术，强身爱国"作为建队宗旨。到目前为止大刀技艺已经传至曹仕伟、曹仕杰两兄弟，而回族的大刀技艺也由"家族世袭"的传承方式转变为向社会开放式传授。

近代回族出现了许多伟大的军事家、革命家，例如白崇禧、马骏、马本斋等，这与回族崇尚武术的精神息息相通。

新中国成立后，尤其是改革开放以来，回族人民的练武热情一直高涨，形成了非常坚实而广泛的群众基础。虽然在"文革"时期，拳击、摔跤等回族传统武术遭到禁止，但民间武术爱好者依然持之以恒地练习，因此回族武术整体水平一直保持升势，从侧面也反映出回族群众对传统文化的热爱。

现在，武术依然是回族人民锻炼健身、振奋精神的主要方式。随着民族间交流的不断加深，一些只在回族内部传承的风格迥异的武术，也开始被外族人民演练，并风靡一时，为中华武术的传承和弘扬贡献了自己的一分力量。回族武术也逐步融入了中华武术当中，成为中华民族宝贵的无形资产。

回族武术种类众多，门派林立，有各种对练、拳术、器械。除了风格迥异的本民族武术项目,还有中华武术的传统项目。它们都是在结合穆斯林的生活习俗和社会实践,并不断吸取外族武术精华的基础上,历经多代人循环往复地完善,才逐渐形成、发展起来的。回族武术在传统社会中是卫族、卫教的重要手段。改革开放以来,随着市场经济的不断发展,各民族生活水平不断提高,回族武术也逐渐变成了强健体魄、增加民族间交流的重要体育项目。回族武术已经发展到史无前例的水平。

回族武术的项目,主要有长兵、短兵、拳术、散打、器械、对练等数十种。所有项目既有回族传统文化特色,也和中华武术休戚相关。

回族喜欢练黑虎查拳、华拳、洪拳、八极拳、心意六合拳、六角式、黄鹰架拳、廿四式、查拳、弹腿、十八肘等。其中十趟弹腿、十路查拳、汤瓶七式拳、十八肘均为回族特有的拳种,称其为"回族拳"。

另外,关东拳、通臂劈摇拳及明末风靡一时的汤瓶七式拳、十八肘等,其创始人都是回族。这些拳术因其技法独特、风格迥异、劲力别致而被各族人民所熟悉,并广为流传。回族的拳术最早可追溯到明代中期,经明清两代的不断完善,逐步发展强大起来。

除了练习刀、枪、剑、棍、戟、锤、钩、铲、斧、鞭等器械外,回族还有许多带有强烈的民族气息的器械,如杆子鞭、阿里剑、索来拐、龙爪钩、查刀、查枪、五虎群羊棍等。杆子鞭,俗称西域鞭,它是在一节木棒上一端绑着一条绳索,绳索的尾端系一钢镖而成,钢镖重量达到 750 克。据悉,这种鞭子和五虎群羊棍都与回族人放牧有关,分别由牧马用的鞭索和放养棍演化而来。阿里剑,双刃双尖,尖处比柄处要宽,剑的两边都镌刻了阿拉伯文字。根据史料记载,此剑原是第四大哈里发阿里之佩剑,原名"祖勒飞卡尔"。龙爪钩,形状酷似龙爪,脱胎自回族屠户翻牛羊肉的钩子。

## 链接:回族人物轶事——大刀王五

王正谊(1844—1900),字子斌,祖籍河北沧州,京师武林名侠。因他拜李凤岗为师,排行第五,人称"小五子";又因他刀法纯熟,德义高尚,因此大家都以"大刀王五"称之。王正谊凭精妙的刀法位列晚清十大高手,与黄飞鸿、燕子李三、霍元甲等著名武师比肩。除了高超的武艺,他一生正气凛然,支持维新,反对帝国主义,备受民间好评。

在老北京前门外粮食店街,有一个全国最大的镖局,名曰会友,有一千多人的规模,他们口碑相传。传说"会友"诞生于康熙年间,但因为康熙早年满汉之间的矛盾非常尖锐,社会动荡,战乱不断,比较著名的有噶尔丹之乱、三藩之乱。在社会动荡的时候,镖行是没法生存的,因此有研究认定会友镖局不可能在康熙早年成立。只有在社会稳定、人民安居乐业、商业经济相对发达的时候才有条件。尤其到了乾隆、嘉庆时期朝廷放宽了对盐的限制,各地盐商盛行,高额的利润促使他们进行长途贩运,镖局应运而生。镖局的全盛时期是在第二次鸦片战争以后,与帝国主义签订的不平等条约逼迫我国五口通商,这也对我国传统的封建小农经济造成了毁灭性的打击。人们需要靠经商,靠长途贩运养家糊口,此时镖局就显得至关重要了。

第二次鸦片战争以后的太平天国起义被镇压,但此时的清政府已经腐败无能,社会矛盾尖锐,治安事件频出。因此在随后的几十年里,北京的镖行发展迅速。那时有八大镖局,以会友为首,会友镖局业务遍布半个中国。

会友镖局里挂着两块匾额,一块是"重义解骏",另一块是"德容感化"。"重义解骏"是指王五行侠仗义,将自己的马解下来给陌生人。故事发生在内蒙古一个叫托克托的地方,过去跑长途贩运起码要有驾辕和拉套的马,一队商旅在半路让土匪劫了,所有马都被抢走了。在天寒地冻的情况下,王五果断解下自己的马给这队商旅,送他们回了北京,而他自己却在冰天雪地里吃尽了苦头。回京后,那队商旅送来了这块"重义解骏"匾,以此来感激王五的慷慨相救。

"德容感化"则体现了王五的德义高尚。事情起源于小东岳庙的庙会,其间回族人和汉族人发生了争执,一时化解不了,最后下战帖,约在陶然亭一决高下。当时的清政府对于打架斗殴的态度是不出人命不管,如果任由事态发展,很可能会闹出人命。王五得知这个消息后,两边劝,费尽心思才把这件事情给摆平了。后来,双方也就给王五送来了这块匾额——"德容感化"。这件事情在当地影响很大,维护民族团结的同时,又和谐了邻里关系。

### 三、回族重刀的传承与发展

刀在中华民族武术历史长河中发挥着重要的作用。自唐朝以来,160斤的重刀是武状元考试的主要器械,武状元考试时考生必须将重刀要得轻松顺畅,中间不能落地。现在的回族重刀不仅融合了原来的武状元考试中的科目技艺弓、刀、石、马步箭等,还将礅子、石锁、抱石等功夫糅进了大刀招式之中。回族重刀的刀式技艺主要有背、插、拧、撇、云、水磨、狮子披红、雪花盖顶、腰串、掌中花、比摆荷叶、乌龙摆尾、叠罗汉等。练习者挥动起来的特点是动静结合、刚柔相济，它是将力量与技巧集于一体的一项运动。有文字描述大刀舞起的时候"动如风，静如松，提刀千斤重，舞刀鸿毛轻，刀飞钢环响，刀落寂无声"，反映看大刀练习和表演的时候既惊险雄劲，又轻盈灵动，对观看者来说是视觉盛宴。回族人民将"弘扬民族武术精神、加强民族团结、习武健身"作为重刀武术的宗旨，国内外各界人士对此给予了高度赞誉。

被誉为中国当代武林怪杰的著名回族武术家李青山老人，曾以挥舞三百斤大刀威震武林界。

李青山，出生于1910年，祖籍是河南周口。自年幼时开始拜师学习武艺，后来专攻查拳和心意六合拳，辅之学习刀枪棍棒，夜以继日地练习让其建立了相当深厚的武术功底。1953年，李青山老人来到嘉兴定居后开始将其所学武艺传授给回族青少年。1980年，回民武术队在嘉兴成立了，李青山老人被聘为总教练。次年在辽宁沈阳举行的全国武术观摩会上，李青山老人使重90斤的大刀表演武术，他所使用的刀比传说中关云长的春秋大刀还重8斤。在比赛观摩会上，李青山老人获大刀表演金牌奖，因此被人们誉为"大刀李青山"。他曾在许多影片中出演武侠角色，例如《少林小子》《自古英雄出少年》等。他不仅是浙江省人大代表，还是浙江省武术协会的顾问。他在传授武艺的空余之际，为群众推拿治病、解除病痛，成功治愈了一千多人。①

---

① 胡振华：《中国回族》，宁夏人民出版社1993年版，第32—44页。

李青山老人家已经归真,关于老人的事情只能是通过资料和他人讲述取得,查阅了很多文献找到了老人在八十三岁时写的关于介绍自己的资料,这份材料也算弥补了老人家资料不全的遗憾。

## 口述:李青山,八十三岁手书

1985 年,古都西安承办了中国武术国际邀请赛,浙江省代表团派出了以陈友谊为团长的八人参加比赛,我也是其中一员。

比赛现场气氛十分热烈,我的表演内容是九十斤大刀。在现场观众热烈的鼓掌声中,先是两名壮汉在前把刀抬进场,我快步跟在抬刀人的后面。表演开始,我右手抄刀,用丹田之气,手起刀起,手落刀落。我操刀绕着前胸后背绕过十四个圈子,又顺势转过三圈才得以收势。表演完毕,我感赞安拉,我的面色不改、气息平稳,赢得了全场的热烈鼓掌,我抬手向他们打招呼以表谢意。

接下来的第二场是河南省代表队和我师侄及友人苏某某表演的六合排打功,其中韩海华由于电影拍摄工作并未在场。为了配合我的师侄,大家统一六合拳的手法,一招一式,动作灵敏干脆,凶狠准确。代表动作有熊掌式击胸、蛇打草式击小腹、野马奔槽式双拳击小腹这三招。其他动作包括一头撞击脾部和腹部,以及用三节棍排打身体左肋部分。我把意集中于脊背,气也随之聚集,意气合一,背部才经得住随时而来的排打。

结束后,我感赞安拉让我安然无恙。这时,一名工作人员上前告诉我有一个外国人想要和我比试一番,看看我的功夫真假。俗话说来者不善,善者不来,对方定会不留情面。若比试时对方击打小腹将会十分危险，因为我很有可能因为膀胱被击破而亡命。但我若拒绝，外国人就会大肆宣扬这个只能由中国人打的六合排打功不过是把戏一场，并非真功夫。当时真是个进退两难的境地。但我转念一想，我是代表浙江省，代表我的祖国——中华人民共和国来参加的比赛，我决不能给中国人丢脸。就算是对方一拳把我打死，我也要为国家争这一口气。

我心里默念安拉，告诉工作人员那就比试一场吧。这时翻译又折回来告诉我对方是美国空手道冠军，每天练功都会打铁沙袋，所以比试结果很难说，叫我当心一点。虽知如此，我还是笑着，平静道"请他来吧"。但我内心还是十分感谢这位翻译的同胞深情和真切的关心，毕竟我当时也有72岁了，这个年龄也怕是经不住外国人的击打。没过多久，一个高约两米、体格强壮的大汉向我走来。美国人直截了当，问我打哪儿，"中国人打哪儿你就打哪儿"，我笑嘻嘻地说。他又问我打几拳，我说可以打五拳。说罢，他后退两步，大嚎一声，猛地向我腹部击了一拳。我心里叨念这拳有分量，感赞安拉，虽然沉重但我还能经受得住。我淡定地向他示意继续，他又狠准地连击四拳。美国人又问能不能不用拳击用头撞，我也没有拒绝。当时全场气氛紧张，我感觉所有人的目光都聚焦在我身上。其实我心里还是比较安定的，因为刚才这五拳我经受住了，撞头也不会有太大问题。美国人又问我撞几次，我还是示意撞五头。这美国人再次蓄力，神似西伯利亚的公牛，后退三步，然后朝我的小腹猛地撞击。一下，两下，三下，撞完三头他没有继续，而是转身走了。我挺纳闷，一问翻译才知道他脖子给扭了。所以这一切随之结束，我也安然无恙，感赞安拉。

虽然这是个小插曲,但一旦关系到国家荣誉,再小的事也不能当儿戏。我接受挑战,证明中国人不是懦夫;我赢得胜利,证明中国功夫并不虚假。我保住了中国功夫的名誉,也争回了国家的荣誉。江山代有才人出,这个伟大勇敢的多民族国家定有刚强之人代代相传,英雄之火生生不息![①]

李青山老人已经离我们而去,但是他给嘉兴这座城市所留下的影响还是深深地落下了印记。在南湖边晨练的人群中,只要问一下年长的老者,他们都记得曾经有一位老人在湖边练功的情景,他们中的很多人都是受老人家的启发才开始强身健体。

现在在嘉兴海华武馆中,可以看到几十斤重的大刀,韩海华老师和他的徒弟们正在为回族大刀功申请非物质文化遗产项目而努力着。

---

① 于庆鑫:《心意拳老拳师李青山的亲笔回忆文章》,http://blog.sina.com.cn/s/blog_60e0292f0100g1np.htm,2010-1-8/2015-6-16。

# 第三节　江南船拳

## 一、江南船拳的起源

在悠久的历史长河中，江南水乡主要交通运输工具——船，它与嘉兴人民的生活息息相关。嘉兴位于八大水系与大运河的汇合之处，是重要的设防区域，历来为兵家所重视。那时为了防止盗贼横行，乡民和船民群起自卫、自发习武，帮会组织蜂起。由于历代封建王朝的心病——惧怕乡民造反，无法整治，便严厉禁止民间拥有各类伤害性武器。于是江南水乡的船民和漕帮等许多帮会为抵御外敌和保卫家园，就借助一些生产生活工具在方寸大小的船头上练武防身，经过漫长的岁月和历史的演变，著名的江南船拳就逐渐形成了。关于江南船拳的描述，在嘉兴地方志和民间笔记小说中都有相关记载。嘉兴在三国时期属于吴国，吴国的水军在当时可称雄一方，故而船拳自然成为水军必不可少的操练科目。在宋朝，嘉兴就出现了"踏白船"的活动，据传说"踏白船"作为宋代边防军使用过的一个番号，是岳飞曾统帅的军队。元末张士诚曾以"踏白船"为名号屯数万水军于嘉兴城外河荡，明末吴日生也曾以"踏白船"为名号在长白荡训练水军、举兵抗清。

在代代相传的抗战历史故事中，都不乏江南船拳高手的身影，例如在明代王江泾、双桥抗击倭寇的军队里和抗日战争时期的江南游击队中都有出现。战乱过后，脱离军队的一些水军士兵在嘉兴一带定居,于是军中船拳与民间船拳便慢慢地融合同化,成为一种新的防身、抗敌之术,为世代江南水乡百姓和漕帮船民所钟爱。渔民们日日在一方小小的船头练拳习武,要求习武者要桩牢身稳、尽展武艺,才能不受船的束缚,适应船身的晃动。船拳的特点有三:一、以身为轴、以手为主,双手腾穿滚翻、双脚原地转动,格斗幅度较小;二、身手敏捷、过招迅速、如猫捕鼠、如箭在弦;三、将江南水乡的灵秀和武术的勇猛融为一体,在武林之中独树一帜。

江南船拳在传承中技艺蜕变、完善和发展后日趋成熟。江浙一带的江南船拳,小红拳、醉八仙、小金枪、梅花桩岳家手等套路比较常见。延续到明、清和民国时期,嘉兴北片水乡即王江泾、连泗荡及三塔运河塘一带,都有江南船拳的表演,特别是拳师和各村庄的船拳高手通过船拳的表演来庆祝立夏、端午、中秋等农历佳节。用以表演的拳船用双桨快船改造而成或者是普通的木船,还要插上各自村庄以示区别的旗帜。表演时,几十条拳船齐聚,习武者各献绝技;岸边观者如云,喝彩声、掌声迭起,一派古风淳厚、民俗可亲的景象。发展到近代,掷石锁、叠罗汉等极具观赏性的表演被加入其中,丰富了这一习俗。然而 20 世纪三四十年代后,在嘉兴一带的大型江南船拳的表演逐渐销声匿迹,江南船拳也大多以家族、村庄传承为主散落在民间乡村。传承演变的过程中,有的拳法融合了其他拳种的特点,形成新的套路风格。

20 世纪中期,被时人称为"江南大力士"的一代武术宗师周荣江,为了更加系统地整理最具有江南水乡特色的江南船拳的拳种套路,他在嘉兴倾力收集遗落在民间的江南船拳。后来经过不懈的探寻、研究和整理，周荣江大师将江南船拳套路传授给蔡光圻、韩海华等弟子，使得江南船拳在嘉兴传承至今。21世纪以来，嘉兴市南湖区武术协会一直致力于研究有古老的江南水乡特色的江南船拳，希望能将其传承并发扬光大。周荣江大师的两位得意弟子蔡光圻和韩海华，根据几十年习练船拳的心得体会结合大师系统整理好的江南船拳套路，不断创新和完善，更上一层楼，研究编排出江南船拳的完整系统的系列套路。如今获得的成果有：江南船拳集体拳2套、江南七怪等器械拳10套和江南船拳32式的普及套路等。传承融合了江南古老船拳精华的这一系列整体船拳套路和器械套路，具有以下的特点：稳居方寸、躲闪灵活、刚劲矫健、神形兼容。现今，江南船拳以其独特精妙的风格，在当代武林中独树一帜，自成一派。江南船拳特别受到青少年的喜爱，同时成为大众强身健体、习武修身的第一选择。江南船拳重现江湖，不再是梦想，而是事实。

江南船拳在嘉兴广泛传承，十分流行。南湖区武术协会的武术馆内，几十位韩海华的弟子每天辛勤地习练江南船拳的各式套路。江南船拳武术队的组织，也纷纷出现在嘉兴学院、南湖区光明小学、辅成小学等十几所学校，学校组织进行船拳的培训和习练。值得一提的是东栅小学和油车港小学还建立了江南船拳传承教学基地。将江南船拳列为学校的体训项目这一举措，有利于提倡全民强身健体，还为传承和弘扬船拳打下了坚实的基础，取得了良好的社会效应。

## 二、江南船拳的传承与发展

2006年,在韩国江陵,江南船拳传承人韩海华率领弟子代表嘉兴市表演江南船拳。近几年,他们作为嘉兴市南湖区的代表,多次在浙江武术大赛、上海国际武术博览会、嘉兴武协大会上表演江南船拳,并且先后获得185块金牌。2009年,香港武术比赛结束后,韩海华等人接受金庸先生的邀请,在金先生的办公室表演江南船拳中江南七怪套路,金庸先生对此啧啧称赞。江南船拳传承人蔡光圻和韩海华共同成立了"武魂艺术团",编排了以船拳为中心元素的《江南武魂》,目前在国内外公演50多场次,深受广大人民群众和外国朋友的喜爱和欢迎。2011年,武魂艺术团受到新西兰的邀请参加中国新年活动,得知基督城发生强烈地震后,当即举行了"中国南湖儿女献爱心"的赈灾义演,深受好评。

2005年,江南船拳先后被列入南湖区和嘉兴市非物质文化遗产名录;2011年,江南船拳以南湖船拳名称列入浙江省非物质文化遗产名录。现在,江南船拳第四代传承人甘岗、胡成勇、曹啸峰、康台赐等脱颖而出,参加各种比赛和各类演出,成为江南船拳传承与创新工作顶梁柱。嘉兴南湖区的江南船拳作为浙江省、嘉兴市非物质文化遗产,能够得到很好的保护和传承,武术前辈们终将实现把嘉兴武术之魂发扬光大的美好梦想。[1]

船拳,亦称"桌拳",顾名思义是在船头上搏击的拳术。相传在清朝年间,当地渔民为了强身健体及防止强盗的抢劫,创造出这套

---

① 童雄:《江南船拳》,《浙江档案》2014年第5期,第38—39页。

拳术。因为船拳的演绎范围仅为比一张八仙桌稍宽的面积,决定了船拳的一招一式不能像其他武术套路那样大面积地窜、跳、蹦、纵、闪、展、腾、挪,但它却集拳种的基本招式之长,似南拳,亦非南拳。因为在船头演绎,身动船晃,为了适应船身的移动,既要习武人桩牢身稳,发挥技艺,又不能使习武人受船动的束缚,因而使船拳的一招一式不同于一般陆地习武。然而,这种产生于江南水乡的古老拳种正面临失传的尴尬境地。

# 第三章　畲族民族传统体育资料与口述

　　畲族,作为我国南方重要的游耕民族之一,是我国大民族家庭中不可缺少的一员。在我国多民族历史发展进程中,有着其独特的浓墨重彩的一笔。畲族作为人口较少的少数民族之一,经过多年发展及不断地迁徙,分布范围从仅限于原始居住地,扩散至闽、皖、浙、湘、赣等多个省份,并形成了"大分散,小聚居"的分布特点。据最新一次全国人口普查数据显示,畲族总人口 70 万余人,其中九成以上聚居在我国的浙江省及福建省,并主要从事农业生产。

　　畲族人民自古以来喜欢沿山而居,长期居住于崇山峻岭之中,过着狩猎、农耕的传统生活。这一充满智慧的民族,充分利用其居住的地域环境,并结合其独特的生活方式及风俗习惯,融合其民族信仰,发展出了一系列丰富多彩、广泛流传的畲族民间传统体育项目,以纪念其先辈在生产劳动过程中和与大自然的斗争的过程中不屈不挠、勇于生存、善于生存的精神,并成为其民族文化中独特的一个组成部分。

　　例如,畲族人民酷爱练拳习武,该项目历经千百年的传承及发展,形成了颇具特色的畲族民间传统武术。此外,还有许多能够充分展现畲族人民日常生活风采的体育活动,如竹林竞技、狩猎、登山、骑海马等。由于畲族传统体育项目与畲族人民多年来日常生产劳动、风俗习惯、宗教活动、军事斗争等密切相关,因此,这些源于生活、简单有趣、因地制宜、带有浓郁民族气息的传统体育项目深受畲族人民的喜爱①,并历经数年仍然得以传承下来,成为中华民族体育文化遗产中的宝贵而璀璨的珍宝,是我国现代体育事业发展的重要文化支撑及体育项目研究及发展的重要参考内容。

畲族传统体育活动蕴含了其丰富的民族文化,带有其丰富的民族特色。任何民族的传统体育活动,均与其民族悠久的历史文化及发展过程息息相关,能够体现少数民族人民在艰难困苦的生活环境中锻造的勤劳勇敢、英勇顽强、刻苦乐天的优秀品格。在过去相当长一段时期内,受困于国家发展程度问题,我国少数民族生活相对较为封闭,多民族并非像今天一样完全融合。因此少数民族传统体育项目较好地保存了其民族独特而多彩的文化,具有其民族特色和相对独立性。这些充满趣味、种类丰富的传统体育活动,既是其民族历史的见证,同时也是民族文化的重要载体。少数民族传统体育活动与其民族的风俗、经济、文化、道德、信仰和民族发展程度有关,同时能够反映出民族群体生存环境、民族精神等,因此成为人类文化的重要体现及组成部分。故其真正的价值并不在于要求其能够发展成为一项具有国际性参与度的比赛项目。

畲族传统体育活动作为我国民族传统体育活动的重要组成部

---

① 兰润生:《畲族传统体育项群分类研究》,《沈阳体育学院学报》2005年第1期,第121页。

分,丰富了我国的传统体育文化。诚如上文所述,畲族传统体育活动经过多年的发展,已经形成了项目繁多、类型极其丰富等特点。尤其是在改革开放后,随着国家综合实力的不断增强,以及国家对于传统文化的重视及保护,畲族人民在生活、经济及文化等各领域取得了飞速的发展。得益于此,畲族传统体育活动获得了新的发展契机,并通过国家有关部门及民间力量对其深入的研究、继承和开发,取得了新的进步,并实现了在全国范围内传播及推广畲族传统体育活动及传统文化。近年来,畲族人民带着其丰富多彩的传统体育项目参加了全国各届少数民族运动会,为全国人民展现了其独特的民族文化及体育精神。畲族的"打尺寸""问凳""抄杠"等活动已广为全国人民知晓。

畲族民族传统体育的形成主要受到下面几个方面的影响。首先是地理环境。畲族地区处于中国东南丘陵地带,山不高但苍翠,水不阔却纵横,气候湿润,资源丰富。畲族农耕文化的多元性,表现为耕作方式的更替、耕作内容的多样和与农耕相关的多种经营并举。畲族原始固有的生产方式为游耕和狩猎,即"随山散处,刀耕火种,采实猎毛,食尽一山则他徙"。畲民长期居住在崇山峻岭之中,那是老虎、野猪、猴、犬等动物经常出没的地方,由于交通不便,信息闭塞,经济相对落后。在这种极其艰苦的条件下,为了满足生存和发展的需要,畲族人民充分利用合适的地形和自然物资,就地取材,制作捕兽工具,依野兽的种类,采用不同的狩猎方法,"以木弩捕猎为主,乃有异籍——食住浙山村,捕野禽射豕肉,纳家之用,世代相承"。《景宁县志》亦云:"景宁畲民散居在岩谷常持鸟枪以角禽兽。"清末丽水县永丰赤坑村一带虎伤众人,雷明瑚兄弟组织全村射虎,除虎有功,曾受宣平县(永丰乡 1985 年划归丽水管辖)陈县奖银制"射虎牌"16 枚。畲族传统体育是在挖掘、采集植物、捕鱼、狩猎和与大自然的搏斗中形成的。这是畲族最初的体育形态,而后逐渐发展成为传统体育项目,如"赶野猪""登山活动"等。

其次是原始宗教活动。民族传统体育是各民族生产和生活的一部分,它与各类不同的宗教信仰之间存在着密切的联系。畲族和南方诸少数民族一样,在传统的原始宗教信仰中,最核心、最主要的部分是图腾崇拜和祖先崇拜。图腾崇拜是一种复杂的原始宗教崇拜。图腾崇拜的本质是人类群体相信他们与某种动植物存在血亲关系。他们相信人与图腾之间具有交感的巫术联系,进而崇拜其神话传说中的图腾祖先。他们相信图腾会保护信奉它的氏族成员,因此他们禁止杀害或食用图腾,并举行图腾祭祀仪式。祭祀舞蹈还有"功德舞""舞龙灯""舞铃刀"等。相传始祖龙麒上山打猎,获庐山老祖赠送龙头宝杖以做镇国安邦之用。龙麒为了子孙世代生存繁衍,历经千辛万苦上闾山学法,称为"神罡法",以备外患。"神罡法"的发祥地是东昆仑中的闾山,属于气功范畴,威力无比。传说传授"神罡法"时前面不能站人,此法修炼要求极高,属于畲族独家传授。再如,畲族遇事便求卜问卦,常见的卜卦有两种:问凳、问神。问凳又称凳卦,是浙江省畲族独特的古老占卜术。

在现畲民中仍然保存着古老的"问凳"求卜问卦的器具,要考查"问凳"活动起源的具体年月,因没文字记载已不得而知,但它确有着悠久的历史。畲族认为树木有灵性,从山上砍来带三叉的茶子树做支架,另找了长板凳中间凿一洞放在支架上取名为"问凳架"。畲族将它作为祈求神灵、去灾难的信物。凡身患疾病、家受灾难的畲族人，常以"问凳"作为祈求神灵赐法求医、消灾驱邪保安宁的一项活动。由于原始民族的本能情绪和实际行动受到知识的局限和观察力粗浅束缚时，人的机体便会相应产生一些原始的行动，心里便会萌发出粗浅的信仰，并借此保持生理和心理的平衡，树立自信心，从而使人渡过难关。如果没有这种自信心，原始民族很难想象如何去战胜心理上的恐惧感，人类也很难进化到今天这种高级的文化阶段。现在"问凳"经过挖掘整理、科学规范，已发展成省级物质文化遗产项目。

另外一个影响因素就是战争。畲族是一个勇敢顽强、不畏强暴的民族，他们为求生存不仅要与艰苦的自然环境斗争，还要与历代统治阶级的残酷压迫剥削斗争。自唐代起至中华人民共和国成立，畲族人民一直没有中止过反抗阶级剥削和民族压迫的斗争，而且往往与当地汉族人民共同起义，并肩战斗。早在唐初，广东潮州一带的畲族人民，在雷万兴、苗自成、蓝奉高等人的领导下，掀起反抗唐王朝统治的斗争，坚持近 40 多年；元代畲族人民积极参加张世杰、文天祥领导的抗元斗争，而且产生了妇女起义领袖许夫人；明清以来，由于畲族"大分散、小聚居"的聚落格局，无法形成大规模的群体行动。畲族的传统体育，也是在这样的历史条件下和经济基础上产生的，是为了防身和保卫已取得的劳动成果，抗击压迫和外侵之敌，从所采取的防守与进攻的手段及措施等技术的军事性内容发展而成的。

最后的影响就是传统节日风俗活动。畲族没有本民族的文字，仅有自己的民族语言。现今的畲族语言有"山哈话"和"活聂话"两种。畲族传统文化的积累和传承不能像汉族通过文字进行，而主要是通过口头语言的传播和手头技艺传播来进行。畲族民间口传文艺特别发达，其原因是要担负着传统文化积累和传播的使命。畲族传统体育活动都在节日喜庆之日举行，如"擦红脸"源于畲家婚礼中的"擦乌脸"。此项活动，就是伴娘将锅底的锅灰用各种方法涂抹在伴郎的脸部。又如结婚这天晚上，婚礼仪式中新郎等 10 名男子分别模拟男女老少的神情，面对面站成两列纵队，在一名善舞的端茶人率领下跳起"敬茶舞"。每逢农历正月、二月二、三月三、九月九等日，身穿盛装，扶老携幼出门登山，风雨无阻，成群结队，尽情攀登，最具有刺激性的是快速爬竹、攀竹比赛。每年季节性庄稼丰收或猎物收获，都要进行各种传统体育活动，使节日活动显得热烈隆重，为民族节日增添了迷人的风采，展现了浓郁的民族文化。

# 第一节 打尺寸

## 一、打尺寸起源

在历史的长河里,物质生活极简的畲族人迁徙辗转。他们"结庐山谷,诛茅为瓦,编竹为蓠,伐荻为户牖",多采用群居模式,而住房形式则以茅草房和木质结构瓦房为主。随着时代的变迁,整体生活水平的改善,越来越多的畲族人民已经用一层层小楼房取代了往日的住宅。在饮食结构上受到山区地形及土壤的限制,多种植杂粮,而水稻则种植较少。所以畲族当地人民的主食主要是稻米和地瓜的掺杂物,米饭则更多地被作为宴请之用。畲族人还喜欢吃豆腐、虾皮、海带等食物,在酒类的选择上则偏爱"米酒"和"麦酒"。

"打尺寸"这个民族传统的体育活动是因山区竹林密集而逐渐发展形成。其详细打法为:选择场地,场地要求平坦,30—50米长,在场地一端画圆圈,圆圈的半径为0.75—1米,圈中站一人,右手拿一根长度约1尺的小木棍(称之为"尺"),左手拿长短约为筷子的小竹条(称之为"寸"),其余的人则站立在圈外。开始活动的时候,站在圆圈中的那人用木棍用力击打竹条,使竹条向圆圈外面旋转飞去,站在圆圈外面的人,相互竞争,竞相奔跑,尽自己能力得到竹条。假如竹条掉落在地,则圆圈外面的人应该拾起竹条,扔回圆圈当中,在圆圈中的人接住竹条,取得相应的寸,另外也能再次用木棍把竹条击打出去。竹条被打出以后，圈外的人也再次奔跑夺取竹条，如此反复循环，最终能让竹条在圆圈内落地即算获胜，胜利者则可以站进圈内。圈外将竹条投入圈内的人以及站在中间用棍将竹条击出圈外的人，都需要量出竹条与圆圈两者间的距离获得尺寸。以限定时间或者限定尺寸两种方式来对比赛进行评判。

活动过程中，大家欢乐不断，你夺我争，活跃、激动、滑稽的情景吸引了在场所有观众的眼球。通过这项活动，畲族的年轻男女可以加深对彼此的了解，增进彼此的友谊，甚至爱情也会就此萌生。

## 关于打尺寸的口述资料一

因为是第一次到景宁，在朋友的介绍下认识了 74 岁的畲族老人蓝近生，老人家早年在金华做工，能讲普通话。我给他看了我所拍到的关于打尺寸的照片，他看完后和我讲小的时候玩过这个，他给我讲述了其所知道的打尺寸的来源：

我是畲族人，今年 74 岁了，以前在金华做工，现在年龄大了做不动只好回家了。这几年政府对我们少数民族政策比较好，来我们这里旅游玩的人也比较多。我们家现在主要的收入来源是茶叶和我自己晒的山菇。我有三儿两女，有两个儿子在丽水市区上班，有个女儿在杭州，现在生活很好。你看看我们这山好水好，我和老伴计划下半年去杭州看看西湖，一直听说漂亮但没有去过。

在我小的时候就玩这个，因为山上毛竹子很多，找起来比较方便。我们是两个人一个扔一个挡，将扔过来的箭（寸）打到地上。开始我们也不知道谁最先带起来玩这个运动的，反正玩起来很开心快乐，有时候一下午很快就过去了。我们那个年代很苦，饭都吃不上,饿肚子很正常,要是让我们玩跑的运动肯定玩不来,这个打尺寸玩玩能忘记肚子饿。后来看我孙子也在玩这个东西,我问他从哪里学来的。他告诉我说是他们学校老师教的,他们老师在教的时候还上了理论课。在课上,老师告诉他们说畲族有个英雄叫蓝奉高,他曾经带领畲族民众在反抗唐王朝的压迫统治战争中以断弓(尺)将敌箭(寸)拨返敌阵。而后来的人为了纪念他,慢慢将这种战争中的防守技术演变成了体育运动项目。

畲族传统体育项目"打尺寸",不像维吾尔族"达瓦次"那么惊险,朝鲜族"秋千"那么浪漫,侗族"抢花炮"那么壮观,瑶族"打陀螺"那么优美。打尺寸场面欢乐、紧张、热烈、独特,它有一整套活动程序,规定了比赛方法、计分办法、处罚办法、确定胜负办法。

相传畲族首领蓝奉高率领畲族群众奋抗外来侵略,后来寡不敌众被迫退到韩江南岸。敌在江北万箭齐发,妄图渡江。为保南岸,蓝奉高急中生智,挺身而出选用断弓把来箭一一挡住,并奋力击向江北敌营。群众争相效仿,拿起棍棒,将来箭挡住,向北击回,终于阻击了敌人的进攻。因此,打尺寸是以断弓(尺)将敌箭(寸)拨返敌阵的技艺演变而成,并广泛流传,激励畲族人民团结奋进,自强不息。该运动对人体的反应速度、力量、灵巧、耐力等都有着良好的促进作用,是一项极具推广价值的体育游戏项目,该运动常在劳动休息时举行,参加者至少两人,多则五、六人。在活动场地上画一个圆圈,一人手持木棍站在圈内,木棍击竹条飞向前方,其他人在前场奔接,接到者可定"尺寸"。未接住的竹条被就地拉起后向圆圈投去,持棍者可用手接,也可用棍击出。若竹条投中圈内未被接住或未被击出,则投者得胜,持棍者换人。如竹条投落圈外,或被击出,落点经丈量后,根据距离远近给予持棍者一定"尺寸"。在规定的时间内先得到规定"尺寸"或得尺寸多者为胜。[1]

## 二、打尺寸的民间传说

在整个民族发展的过程中,畲族人民在与生存环境的不断斗争中,在与历朝历代剥削统治阶级的斗争中,都很好地体现了其不畏艰难、奋勇顽强的精神。而打尺寸的来源就与畲族人民的斗争有关。

历史上有记载,地处闽、粤、赣交界处的畲族人在首领蓝奉高的带领下,反抗入侵官兵,并将其打得落花流水。这其中的原因则是畲族人中大部分是猎户出身,在打猎的过程中积攒了射箭的经验,凭借精湛的射术重创了官兵。但因为侵略者人数众多,而畲族义军兵力有限,誓死抵抗不是长久之计,于是蓝奉高率领军队渡过汀江,退守江边,借地利隔江抗敌。敌军无奈,只能用弓箭射之,面对敌人的攻击,蓝奉高手持断弓,左拨右挡,将敌军射来的箭矢一一射回敌军,杀灭敌军,敌军溃败,不敢再次进攻,畲族人成功保住了汀州城。《资治通鉴》也有关于此次战役的记载,与事迹相吻合。唐景龙二年(708),蓝奉高、雷万兴和苗自成父子等率领广东潮州一带的畲族先民,为了反抗唐王朝统治掀起了声势浩大的斗争。景云二年(711),唐朝主将陈元光前来镇压畲民起义,斩杀无数畲族先民,后不敌起义军,被刺死战场。起义军不屈不挠抗战,英勇

---

[1] 顾民:《论浙江畲族传统体育"打尺寸"起源、发展与功能》,《当代体育科技》2012年第 11 期,第 79—80 页。

无畏,直至唐玄宗开元三年(715)才遭到朝廷军官严重摧残,起义就此落终。而打尺寸活动①也是畲族人民为了缅怀民族首领的英勇斗争事迹,世代延传。从中可看出畲族传统体育"打尺寸"的起源和畲族人民的民族斗争、生存环境及民族的历史发展有着不可分割的联系。

### 三、打尺寸的演变与发展

打尺寸中的"尺"最初指的是断弓,而"寸"指的是箭矢;根据历史事迹,打尺寸起初是在河的两岸举行,甲乙各站河的两岸,甲方手持断弓防守,乙方手持弓箭射击。面对乙方的射击,甲方握断弓,将乙方射来的箭矢击打回去。伴随着奔腾的历史长河,打尺寸活动中的工具也都有了新的发展。其中,木棍取代断弓,小竹条取代了箭矢。活动的开展时间一般是在每年"二月二""分龙节""九月九"这样的歌会上,当然在畲族人民辛勤工作而满怀热情的时候,也会开展活动。这样的活动对于身体的锻炼是很有好处的,而且在活动中培养了畲族人民机智、勇敢、顽强的意志。饱含着生活气息的打尺寸也因此深受大家的喜爱。据畲族同胞说,打尺寸在福鼎市双华乡已经成了逢年过节大家用来增进感情、活跃气氛的主要活动。在社会进步和文化素质提高的大环境下,打尺寸凭借器材改进和形式改变已经逐渐演化成了集民族性、传统性、竞技性、娱乐性和观赏性等多种性质于一体的群众性民族体育项目。现在"打尺寸"已经发展成了比较正式的比赛,而且对于器材和场

---

① 赵理强:《畲族传统体育项目的产生及其作用》,《浙江体育科学》2006 年第 4 期。

地都有了相应的要求,同时也制定了规则。

## 关于打尺寸竞赛规则口述

在景宁畲族风情三月三活动现场遇到了参与打尺寸表演的民族中学学生,他们经常参加打尺寸活动,对于打尺寸竞赛的规则和技巧非常熟悉。

1. 器材的要求

"尺"需要制作成直径约 2 厘米,长约 1 米的木棍。

"寸"需要制作为厚约 0.5 厘米,宽约 3 厘米,长约 40 厘米的竹片。

2. 场地的要求

场地:平整的链球区。

分区:

击寸区:半径 1 米的圆形区域。

投寸区:投寸区距离击寸区的圆心 4 米,其中比赛时投寸区的投手和击寸区的击手平行。

落寸区:圆周角为 60 度的扇形区域。

3. 比赛规则

(1)两人一队,一人击寸,一人投寸,其中投寸者可投十寸。可多队进行比赛。

(2)寸的中心点落在落寸区即有效,否则无效。

4. 注意事项

投寸人落寸按照无效寸处理。

击寸人双脚或寸的主要部分超出击寸区,击出寸即为无效寸。

5.成绩计算

每个有效寸中心点距离击寸区圆心的距离相加的总和即该队成绩,以距离评定成绩。

## 四、打尺寸运动的功能

运用价值和社会功能在任何运动项目中都能有所体现,以打尺寸为例,首先是打尺寸的竞技与对抗功能。打尺寸是畲族传统体育项目,其基本动作是以小木棒击打小竹棒和接住小竹棒为主要内容。此类比赛从最初传统的军事活动,到之后的娱乐活动,再到如今较正规的体育竞技活动。打尺寸这项运动项目一步步地发展,如正式的场地与器械,严格的规则与裁判,奠定了它作为体育竞技活动的基本要求。打尺寸竞技功能的由来也正是因为其不断的自我完善。技术方面也随着其不断完善而又有了相应的要求:进攻时的击打需要对角度、力量有很好的把控,而这就需要长期训练积累的高超的技术以及良好的身体素质;防守时则要求队员之间能够相互配合具备战术能力,另外对于防守者个人来说需要有很好的接棒技术和很好的移动能力。目前该项目已被开发成一项能为世人进行表演比赛的包含民族文化特色的体育项目,并在多届全国少数民族运动会上作为表演节目。

其次是打尺寸的娱乐和健身功能。畲族传统体育活动浓郁的民族风情和文化底蕴对于处于因日益繁重的脑力劳动和激烈的社会竞争而导致体力劳动强度降低的人们来说,无疑是一剂最好的镇静剂。当今社会已进入城市化、工业化和信息化时代,人们的生活节奏也变得越来越快,追求高质量的生活和享受,才是都市白领内心真实的写照。而融合了豪放、精彩、和谐、愉悦的畲族传统观的体育项目强调以身体活动为主的方式,在身心的双重锻炼下,增强体质,愉悦心情。另外,不同的项目,健身功效也有所侧重。打尺寸能够很好地提高参与者的运动能力和身体素质,只需要一块空旷的户外运动场地就能进行活动。复合观赏价值和娱乐性,又蕴含浓厚的民族文化及畲族风情,该项目让大家品味文化的同时,又使观看者身心愉快,是人们在生产、生活之余调整体力与精神较为理想的健身活动。而这项活动也应在学校方面进行推广,其明了的运动素质和潜在的运动精神,能实现学生对于娱乐、减压的渴求,同时有助于加强学生之间的竞争和合作精神,促进青少年成长。广大人民群众在参与该活动的过程中,可以增进民族情谊,加强文化交流,也会达到娱乐的功能,另外自身的运动能力也会得到很大的提高,尤其是在力量、灵敏度和跑跳能力上。

最后是打尺寸的传承和教育功能。畲族的传统体育项目发展至今,依然与教育相关联。从打尺寸运动中学习先辈们坚强勇敢保家卫国的精神,例如本族英雄蓝奉高。这项运动可作为思想教育的内容和手段,对畲族文化的发展有着积极而重要的影响。打尺寸这项运动还能让我们对畲族的历史及文化有所了解,了解先辈们为维护本民族的尊严而形成的斗争精神,正如现代体育所提倡的自强不息、英勇顽强的斗争精神。因而,畲族传统体育项目打尺寸的开展,既能对畲族传统体育文化进行弘扬和传承,又能在活动中锻炼协同作战的能力和学习坚毅顽强的精神以及接受良好的思想品德教育,同时民族自信心、自豪感也能得到升华,爱国主义精神以及民族精神也得到了很好的发展。在长时间的发展继承中,打尺寸作为畲族人民最热衷的娱乐体育活动使传统的畲族体育文化能够不断传播扩大,历久弥新,并且不会伴随时间而消亡,实现世代相传。

畲族学生在课间练习打尺寸

## 第二节　赶野猪和采柿子

### 关于赶野猪起源的口述

赶野猪和采柿子的主要口述人是景宁县民族中学的蓝近平老师。蓝老师是一位畲族人，工作上勤恳，学习上努力，在挖掘和传承畲族体育传统项目和畲族文化方面下了许多功夫去研究，取得许多成效。《赶野猪》和《采柿子》都是在他的主持下挖掘和整理出来的项目。

几经周折终于联系到了浙江景宁民族中学的蓝近平老师，之前通过查阅文献，以及丽水学院朋友的推荐，知道这么多年来蓝近平老师一直在推广和传承畲族传统体育项目。其本人自从 20 世纪 80 年代开始多次代表丽水和浙江参加浙江省和全国少数民族运动会并获得好成绩。当我们见到蓝近平老师并问他至今获得的荣誉时，用他自己的话说已经不记得获得多少荣誉和称号了，可以说在景宁畲族民族体育方面蓝老师是最有发言权和知道最多的一个人。当我们通过朋友引荐联系到他的时候，他一直说我算是找对人了。对蓝老师这种真诚和热情，我们非常感动，同时深深感受到了畲族人的这种质朴和真诚。和蓝老师之间的交流轻松无压力，蓝老师不愧是畲族体育方面的专家，讲起来是滔滔不绝，在他的讲解下我对畲族体育有了更加深刻的了解。

当我在民族中学大门口见到蓝老师的时候，他刚好从丽水市区开完会赶回学校,他从车里面拿出了几个背篓和竿子,他说这是为准备被加入全国少数民族运动会做的器材,另外他之前做的赶野猪器材也申请了国家专利。

赶野猪是畲族人民在生活生产实践中创造的传统体育项目,既培养机智、勇敢、顽强的意志,又锻炼身体,而且在旧时是作为保护村落的一项演练,反映出畲族农耕时期的社会生产状况。2009年,"赶野猪"被列入第三批浙江省非物质文化遗产名录。它是真正的畲族传统体育项目,但是他和云南仡佬族的打篾球不一样,我们刚开始叫赶野猪,但是从保护自然环境和生态方面听起来感觉不是那么符合,所以现在把它叫作打篾球更加符合社会和时代发展需要。

赶野猪又称打篾球,是景宁畲族人民传统的体育游戏。畲族是一个古老的民族,历史文化悠久。历史上,畲族人大部分生活在大山中,靠务农为生,主要种植番薯、大豆、玉米等作物。大山里野兽较多,尤其是野猪,对农作物破坏力最大。因此,野猪是畲民们的心腹大患。于是,有组织地进行赶野猪成了畲民们的一项重要活动。为了更好地达到驱赶效果,畲民在平时就训练赶野猪的方法与技巧。畲民们以竹子编成圆球当野猪,用木棍当土铳,分为两队,争相追打"野猪"。经过发展,逐步演变成了畲族传统的体育竞技项目,其战术丰富,对抗激烈,通过竞技有效提高了畲民的速度、耐力、灵敏程度和团结互助的协作能力。此项目曾被列入全国第八届少数民族运动会项目,(我曾参加并)获得二等奖。

赶野猪运动可以提高参加者的灵活性、柔韧性、协调性、耐力、体力、智商、意志力等诸多方面,有利于培养参与者吃苦耐劳的意志及团队合作精神。

景宁民族中学学生赶野猪比赛（图片来源：华奥星空网）

## 关于采柿子历史起源和竞赛规则的口述

畲族是典型的散居民族，景宁地区的畲族都是在元、明、清等时期从他们的原始居住山区迁徙过来的。他们主要以种植水稻和移种一些野果树为生。

柿子树是这些野果树中最容易成活的树种，经过多年的培育，柿子树是越长越好。这些长在山上的柿子树，树干非常高大，但是柿子树树质较脆，很容易折断。因此，每年柿子成熟的时候，畲民上树采柿子经常发生树枝折断，畲民从树上掉下来，造成摔伤的情况。为了避免发生类似事故，畲民用自己发明的柿子叉代替了人工采柿子，这样既安全又省工。使用柿子叉要求技术强、操作灵活，特别讲究人、器械、柿子三者之间的默契配合。所以每年农忙之余，畲民集聚在一起练习采柿子，到柿子成熟时还举行采柿子比赛。"佛生崽"（畲语指成年男青年）如果能取得好成绩，还能够取得"布耳崽"（畲语指未婚姑娘）的欢喜。

经过长期的演变，这种原始的为了避免采摘柿子受伤、提高摘柿子效率的劳动形式,渐渐演变成畲民们用以锻炼身体、生活娱乐、人际交往的畲族传统体育项目——采柿子。采柿子是利用手中的柿子叉去接别人抛过来的东西,这项运动需要娴熟的技巧。

采柿子比赛可以在一块有规格或无规格的平地上进行。有规格就是划定区域,在接柿子的时候不能超过这个区域,而无规格就是不划定区域,裁判可以随便抛柿子。

所使用的器材需要两样,一是柿子叉,另外是柿子(用彩色布包扎其他物品——饰柿子)。开始比赛的时候可以多队进行,但各队人数须相等。场上由两名裁判组织进行(一名抛柿子裁判,一名执行裁判),抛柿子裁判在场地不同的位置进行抛柿子,各队队员尽量用柿子叉采到柿子,以采多的队伍为胜利。柿子落地或碰在队员身上无效,在空中采到柿子才是有效得分。抛柿子裁判在抛完柿子后应立刻离开原位,让队员更好地进行采柿子。下列情形属于犯规:队员用身体故意碰撞其他队员;柿子叉横着拿(因为横拿会撞击到其他选手,影响到他人比赛);柿子接触到队员身体还去采;用柿子叉故意去击打其他队员的柿子叉;辱骂裁判等不文明行为。犯规队员停止下一轮比赛,队员累计 4 次犯规取消该队队员比赛资格。

采柿子运动可以很好地锻炼参与者的臂力。柿子叉有一定的长度和重量,当拿叉去接柿子的时候需要有很好的空间判读能力,可以提高手眼协调配合的能力。这项运动的观赏性和参与性很强,适合在学校推广和开展。

# 第三节　操石磉

　　操石磉，"操"即推，"石磉"即石块，是畲族民间传统体育竞技项目之一。从前景宁一带的山哈，特别是大均畲族乡的山哈，每年从正月初二开始，一直到正月半前都要"操石磉"。"石磉"其实是一块底面光滑，能够在街道上滑行的石块，有的重几十斤，有的重达数百斤。

　　2009 年，"操石磉"被列入第三批浙江省非物质文化遗产名录。操石磉是流传于浙江景宁大均一带的民族传统体育项目。大均是一个依山傍水、风景迷人的村庄。据说，从前村里有一条用石板铺就的小街道,在村边的溪滩上布满了大小不一、光洁美丽的卵石。有一天,一群贪玩的畲族少男少女,挑了些大而圆滑的卵石拿到石板道上蹬蹴踩踏,嬉戏玩耍,招引许多人观赏和参与。后来又逐渐演变为具有民族特色的传统体育项目,并取名操石磉。每逢丰收或节庆日子,畲族人便聚集在街头,开展精彩热烈的操石磉表演活动。

《高皇歌》有这样的记载:"亲生三子相端正,皇帝殿里去讨姓,长子盘装姓盘字,二子篮装便姓蓝。第三小子正一岁,皇帝殿里讨名来。雷公云头响得好,笔头落纸便姓雷。当初出朝在广东,亲生三子女一宫。招得军丁为夫妇,女婿名字身姓钟。三男一女甚端正,同共皇帝管百姓。住落潮州名声大,流传后代去标名。"这首歌记录了畲族雷姓名字的来源,而雷姓在另外一个传说中又和操石磉的来源有关系。

操石磉是景宁畲族传统体育竞技项目之一,它具有鲜明的民族文化和丰富的科学内涵。

操石磉即用脚踩滚石块(石磉)进行竞赛,所用石块大多扁圆、底面光滑,大的可达数百斤,小则几斤、几十斤,以人力大小而定,一般在村、街的石道上进行。少年组多为两人一组,由一人在另一人背后挽其背、胸,让其双脚稳踩石磉,斜挺腰杆,然后合力推动石磉前进;青壮年组为三四人一组,其中一人"健杆",另两或三人抬杠子平胯,让"健杆"仰面斜挺,双脚踩石,伸腿挺腰,把稳方向,将百斤或数百斤重的石磉快速向前推进。快速向前的叫"炒豆",慢慢游的叫"熬油",两组相向而动、让石磉猛烈碰撞的叫"对磉"。"对磉"时如果被挤至街道一边就为输。

### 关于操石磉起源的口述

2014年夏天第一次到景宁初步调研，在没有联系任何朋友的情况下到了景宁，在景宁街上坐人力三轮车，顺便和师傅聊起来，知道师傅家里有亲戚是畲族，而且他在他们老家见到有人玩这个，这个亲戚现在在照顾景宁中学上学的孙子，在师傅的帮助下找到了65岁的雷严芬老人和他的13岁孙子陈乐。刚好孙子在家学习，因为老人不会讲普通话，孙子负责帮忙翻译。

我们这里最多的就是山和石头，山上的水流下来冲到河中，有些石头也会从山上被冲下来，时间长会形成很多圆圆的石头，各种形状的石头在滩头都能找到，以前每年逢年过节或者庄稼丰收的时候，会去挑选一些光滑的鹅卵石在石板街道上蹬踩踏玩，一般是一个人抱住另外一个人的腰站在上面向前推，让人向前滑行，就是实在没有什么好玩的才玩它。

用来操石磉的石块可选用扁或圆、底面光滑的，重有几百斤，轻则几斤至几十斤，以大力、小力而定。操石磉一般是在用石头铺设的路面上进行。"操石磉"有多种多样的玩法，有一种是两人一伙，一个人抱起另外一个人的腰，而那一个人则用脚蹬着一块磨盘大小的石块，在石头铺成的街道上跑来跑去，发出"轰隆隆"的响声，这种叫做"操狗磉"，是小孩玩的。另外一种是三个后生其中两个人手里拿着一根碗口粗的竹竿，脚上蹬着一块约有百十斤的大石块，像飞一样跑。街道上操石磉的双方相距不远，各自摆好阵势，双方运足力量，两块石磉在街头上相遇，发出"轰隆隆"的响声，这叫作"对磉"。不管是"操狗磉"还是"操对磉"，人们一律叫作"操石磉"。听上辈人说，山哈为啥会操石磉，说起来还有一个传说。

听她的孙子说学校体育课会玩这个石操，很有意思的，比较考验腿上的力量。

## 一、操石磉的民间传说

相传很久很久以前，三公主和盘瓠结了婚，生下三男一女，三子生下来的时候，听着天上雷响，便姓雷取名巨佑。事过半个月来，被天上的雷公晓得了，雷公非常生气，坐在桌边喝闷酒。他老婆闪电一看，平时爱跳爱唱的雷公，今个儿为啥事这样生气，便走到桌边，捧起玉壶给雷公倒了一大杯酒，坐下来问："夫君，你今日为何事这样生气？"雷公一拳捶在桌上，一口气喝完一大杯酒。闪电不愧是贤妻，慢慢地说："古话说'夫妻面前要说真'。你不妨说出来让我听听，我也帮你想想办法吧。""贤妻，天上有几个姓雷？""只有你一个姓雷。""是啊！姓雷是我独姓，现在凡间高辛王的三公主生下第三崽时，听着我响也姓雷了，你说我气不气？""这样小事一桩，你可到凡间去同雷巨佑说，比比谁叫得响，谁就姓雷。"雷公想了想，自己叫起来轰隆隆响，凡间胆小鬼听了都要抱起头来，一定是自己赢，便下凡来了。

雷公到了凡间，寻到三公主寮里，坐在中堂的交椅上瞪着眼睛问："你家里，谁姓雷？"雷巨佑从里间走出来，说："我姓雷，你是谁呀？""你不晓得我是天上的雷公？我问你，你为啥要与我争姓？""我没与你争姓，听阿娘说我生下来时，你正在天上轰隆隆地响，我便姓雷了，这没啥错嘛。""还没错？你口嘴挺老。咱们比比看，是谁叫得响，若是我响些，你就不准姓雷。"雷巨佑认真地点头说："不过,你先提出,日子要由我选。"雷公瞪了圆眼说:"可以吧。""那就从正月初二开始比,并且要我先响,你肯吗?"雷公答应后,就回天去做准备。

古人这样说,天上一日,人间就是一年。这时的雷巨佑已经是十五六岁了,非常聪明。他叫采石老司采了几块石头,底面磨得非常光滑,有的重几十斤,有的重百斤,准备了竹竿,等候同雷公比。正月初二,雷公在天上叫来太上老君做证人,在天上看雷巨佑究竟做啥把戏。雷巨佑唤来两个崽,一个崽抱好另一个的腰,而那一个则用脚蹬着一块磨盘大的石块,在石头铺成的街道上跑来跑去,在石头铺的街道上滑来滑去,石块与街道之间就发出"轰隆隆"的响声。旁边的山哈问雷巨佑这是什么东西,雷巨佑把它叫作"操狗磉"。雷公在天上看着笑了笑,觉得巨佑无非是这点本领。接着雷巨佑唤来三个后生,其中两个后生手里拿着一根碗口粗的竹竿,另外一个后生双手从背后勾着竹竿,仰面背靠在竹竿上,脚蹬着一块约有百余斤重的大石块,像飞一样跑起来。双方相距不远,各自摆好阵势,双方运足力气,两块石磉在街头相遇,发出"轰隆隆"的响声。旁边人问雷巨佑这又是什么,雷巨佑说唤作"对磉"。

雷公在天上听了,正想发作,可他被雷巨佑算计了。雷公是要过春二三月才会响的,便非常生气,想下凡跟雷巨佑算账。太上老君好言相劝。雷公想当初要不是太上老君做媒,也娶不来闪电当老婆,只得写了几张字条飘下凡间,允许巨佑姓雷了。

山哈们觉得这样做有意思,为了气气雷公,就形成了正月初二开始到正月半操石磉的习俗。流传至今,操石磉成为畲族传统体育活动的重要节目。

关于操石磉,景宁大均还流传着这样一种传说。大均的村庄,就像一只倒置的琵琶,而村里街道四条用卵石铺的石带便是四条琴弦。琵琶不弹不会响,不响村里便会有灾难,因此年年都要弹一次,弹得越响越好,村里才能人振财旺,消灾灭祸。一位聪明的先生向人们传授了这么一种"弹"法。从此,操石磉在大均一代一代延续下来,一直流传到现在。

## 二、演变与发展

1996 年 9 月,操石磉被推荐为全国第三届少数民族运动会表演项目,操石磉技术分为前、后、撑杆和磉上四种技术。向前操石磉是指运动员用一脚支撑地面,一脚蹴动石磉向前滚动的一种技术。向前操石磉的方法主要有单脚前推、双脚前推、单人前推、双人前推技术。向后操石磉是指运动员用脚向身后蹴动石磉的一种技术。后操石磉的方法有单脚后推、双脚后推、单人后推、双人后推。撑杠操石磉就是两人双臂在胸前各抬竹杠两端,面向石磉,站在石磉两侧后方,磉上蹾运动员,背对石磉双臂胸前平屈,双手握杠,双脚踏于石磉中下部,蹾动时,主要利用下肢的连续蹬踏动作,使石磉向身后滚动。两抬杠者必须随石磉滚动的速度而不断跟进,使磉上蹾运动员不落地连续蹬蹾石磉。前进磉上蹾是指运动员下肢不直接接触地面,也没有他人协助,直接蹾动石磉的一种技术。磉上蹾的方法有单人前蹾、单人后蹾、双人前蹾、双人后蹾、双人前后蹾五种。

### 关于竞赛场地与规则的口述资料

1. 场地：竞速类场地是平地或田径场，跑道总宽度 9.76—10 米，分道宽为 2.44—2.5 米，线宽 5 厘米；对抗类场地是平地或木板地，比赛场地为直径 5 米的圆，线宽 5 厘米。

2. 器材：石磉一般采用硬木质材料加工而成；传统蹴的石磉，为空心八角长柱形，长 0.8 米，对角直径 0.5 米，表面板和两端及中间隔板厚 2 厘米。磉上蹴的石磉为圆柱形，长 0.8 米，直径 0.5 米，表面板和两端及中间隔板厚 2 厘米。

3. 具体的比赛主要有以下几种，和我们经常见到的田径比赛差不多，有一定的距离，要求在比赛的时候利用最短的时间完成。男子 50 米、100 米传统蹴竞速，女子 50 米、100 米传统蹴竞速；男子 50 米、100 米磉上蹴竞速，女子 50 米、100 米磉上蹴竞速；男子 4×100 米传统蹴竞速，女子 4×100 米传统蹴竞速；男子 4×100 米磉上蹴竞速，女子 4×100 米磉上蹴竞速。

4.竞速比赛方法:比赛分甲、乙两队,分别站成纵队于起点线后,两队要分别完成四种蹴石磉方法以接力的方式决胜负。开始是单人夹(撑)杠蹴,接着是单人磉上蹴,然后是双人磉上蹴,最后是四人磉上蹴。最终以不犯规,又最先到达终点的队为胜。

规则:

(1)后人必须在起点线后等候,前人石磉未蹴回到起点线,不得越线上石磉。

(2)磉上蹴竞速途中,如脚落地,必须在落地处重上石磉后方可继续前蹴或后蹴;如果石磉偏离方向,运动员可下地将石磉搬正后,再上石磉前蹴或后蹴。

(3)各队必须在各自规定的跑道中行进,如越出跑道又妨碍他队行进,判为犯规。

(4)最后以石磉任何部位到终点线时表停。

(5)竞赛中,队员可用下肢任何部位蹴动石磉,不得用手推或拨动石磉。

5.对抗比赛方法:比赛是在长宽各五米的正方形场地内进行。石磉置于中线上。开始各队出一名女运动员上场,并用一脚踩住石磉,裁判下令后,双方开始使力,并力争将石磉蹴出对方半区为胜。女子单人对抗后换男子单人对抗,最后是男女混合对抗。

规则:

(1)参赛队员只能用下肢蹴石磉,不得用手或身躯部分推、撞对方队员。

(2)石磉如从中线出界,不分胜负,该局比赛不算。

(3)比赛采用三局两胜制。

### 三、操石磉的功能

操石磉又称滚石块,原为景宁大均、云和赤石、龙泉八都三处汉族李姓在正月于街上以人脚推石块的活动。所用石块,底部光滑,大小不等,大的数百斤,小的几十斤,以人力大小而定。操石磉的比赛主要有竞速和对抗。其运动方法主要是运动者以脚蹬、蹴石磉向前或向后滚动。运动技术主要包括普通蹴、撑杠蹴、夹杠蹴、磉上蹴等四种。所谓普通蹴,是指运动员用一脚支撑地面,一脚蹴动石磉向前或身后滚动的一种运动方法;所谓撑杠蹴是指运动员用双臂撑在由另两人抬着的竹杠上,用双脚向后蹴动石磉的一种运动方法;所谓夹杠蹴是指运动员用双臂(肘)夹住由另两人抬着的竹杠,用双脚向前蹴石磉的一种运动方法;所谓磉上蹴是指运动员下肢不直接接触地面,也没有他人协助,直接蹴动石磉的一种运动方法。

蹴石磉运动,技术简单易学、活动形式丰富多样,不受年龄、性别限制,具有较强的竞技性和趣味性,适合在各级各类和不同地域的学校及其他群体中开展教学和竞赛。经常参加蹴石磉活动,能有效地锻炼力量、速度、灵敏等身体素质,对提高人体平衡能力和协调性均有显著效果。

# 第四节　抄杠

　　抄杠是浙江省第三批非物质文化遗产名录项目,抄杠运动是一项集健身、竞技、娱乐、观赏于一体的体育活动,抄杠动作简单易学,形式多样,不受场地、器材限制,适合不同年龄、性别的人操练。抄杠项目在全国第4—6届少数民族传统体育运动会上获表演赛银奖,在全国第7届民运会中获铜奖。抄杠运动是以木棒、竹杠、长板凳为主要器材,两人或多人在凳上持杠采用推、拉、拧、顶、拨等运动方法,进行各种形式的对抗活动。抄杠运动的主要技术包括弓步抄杠、马步抄杠、金鸡独立抄杠、蹬腿步抄杠、腹抄杠、肩抄杠、"十字"抄杠、集体抄杠等。

对于畲族人民来说,抄杠是他们的一项传统的体育活动。它来源于古时候畲族的自卫强身活动。在旧社会,作为一个人少势弱的民族,畲民们的生活非常艰难,他们不仅要承受源于大自然的天灾考验,还要遭受凶猛野兽的无情侵袭,更是饱受历代统治阶级的压榨和欺凌。面对这重重的困苦,坚强勇敢的畲族人民拿出了他们世代坚守的不畏强暴的精神,勇敢地和大自然、外来的入侵者及封建统治阶级进行了不屈不挠的抗争。在不断的抗争过程中,畲族人民越发地意识到,想要克敌制胜就必须要有强健的体魄和过硬的功夫。对于大部分久居深山的畲民来说,扁担、挂棒不仅是日常的生产工具,它同时也充当了畲民们自卫防身的武器。空闲的时候他们经常会三五成群地聚集在一起,用木棍、竹杠、挂棒、扁担等物品做一些对拉、对顶、对拧、对推的动作来进行训练,想借这样的活动来提高自身上下肢和腰腹的力量,以此增强自卫能力。长此以往,这项活动就成了畲族人民喜爱的传统体育活动。从20世纪80年代开始,体育工作者开始对该活动进行挖掘整理和改进,使此活动形式方法、规则更加完善合理,并正式定名为"抄杠",并开始在部分中小学校推广。①

## 关于抄杠的口述资料

被访谈老人:蓝振山,65 岁。地点:2015 年 4 月景宁"三月三"

---

① 方哲红:《民族传统体育教学与训练》,北京体育大学出版社 2010 年版,第 192 页。

民族体育风情一条街现场。

我是畲族人，每年三月三我都会来这里看热闹，今年来的人比去年还要多，刚才我还看到有外国人，以前哪里能看到这些人呀！你问我抄杠这个名字我不知道，但我玩过这个运动，而且在我年轻的时候经常玩。我们那个时候没有电视，下工回家吃完饭一些年轻的男男女女会聚在一起玩玩，就是看谁的力气大。那个时候年轻气盛，我们是用一根棍玩，现在变成两根棍，更加考验力气。

现在我们景宁变化很大，越来越多的人来到我们这里旅游观光，我们家里的收入比以前好很多，各个方面都比以前好了，要是像以前饭都吃不饱，哪里还有力气玩呀！玩抄杠主要还是需要力气，胖的人未必能够赢瘦的人。

听别人说它源自我们祖先的自卫强身活动。从前，畲民大多深居山中，扁担、挂棒是他们的日常生产工具，也是他们自卫防身的武器。空闲时他们经常聚集一起，用挂棒、扁担、竹杠、木棍等物对顶、对拉、对推、对拧，以此提高自身上下肢和腰腹力量，增强自卫能力。久而久之，这种活动便成为我们喜爱的传统体育活动。

抄杠运动是一项集健身、竞技、娱乐、观赏于一体的体育活动，抄杠动作简单易学，形式多样，不受场地、器材的限制，适合不同年龄、性别的人操练。

## 关于抄杠比赛的口述资料

腹抄杠

方法：比赛由2—4人参加，开始每人以腹部顶住杠的一端，裁判下令后，运动员开始使力，力争将中点处的花环捡起为胜。

规则：

1. 裁判下令后，运动员方可用力顶杠。

2. 参赛者只准用腹顶杠，双手不得握杠。

3. 比赛采用三局两胜制，每局限时 2 分钟，如在规定时间里未分胜负，裁判宣布暂停，休息 1 分钟后继续比赛。

十字抄杠

方法：比赛由 4 人（或 4 组）参加，开始每人（组）持十字形的杠一端，裁判下令后，运动员开始用劲，以将身后的小圈捡起为胜。

规则：

1. 赛前运动员必须按规定站好位置和握杠（单、双手均可）。

2. 捡圈时手不得离杠，万一失手马上要将杠抢回握好后方可继续比赛。

3. 如两人以上捡到圈，以先捡到者为胜。

集体抄长杠

方法：场地上画有三条平行线，间隔 1.5 米，中间的为中线，两侧为限制线，与中线相垂直的地面放置一条长 5 米的长竹杠，在竹杠的中间拴有一条红带为标志带，标志带对准中线。比赛分人数相等的两队，对面站立，开始各队运动员均用手持竹杠，裁判下令后，双方队员开始使力，力争将标志带抄过对方限制线的队为胜。

规则：

1. 裁判鸣哨后，队员方可用力抄。

2. 裁判未发出结束信号，双方队员不得随意松手，如无意间脱手，应马上还原继续比赛。

3. 竞赛开始前,裁判用抛硬币的方式,让双方选择场地和器材。

4. 胜负以标志带过限制线的垂直面为准。

5. 比赛采用三局两胜制,每局限时 2 分钟,如在规定时间里未分胜负,裁判宣布暂停,休息 1 分钟后继续比赛。

# 第五节　摇锅

摇锅是畲族的传统体育项目，它源自畲族民间生产生活习俗。相传很久以前，每到传统节日端午节，畲民都要包粽子，为了能让粽子口味更香甜、颜色更漂亮、存放时间更长，畲民们到山上砍来毛竹叶、株树枝、枯巨树等，然后把一个大铁锅放在屋外。大铁锅里放入事先准备好的材料，把山上砍来的材料烧成灰，烧完冷却后，畲民们一人或多人将一整口大锅搬（摇）回家中。在多年的操作中，畲民们认识到摇锅需要方式、方法，要注重人与人，人与锅的密切配合。

随着时间的推移，久而久之，畲民们又发现了摇锅具有娱乐休闲、强身健体的功效。摇锅由起初的人站在锅边，端着锅摇，逐渐发展成人通过站或半蹲或坐在锅里等不同方式进行表演活动来锻炼身体。畲民们很是喜欢这一创新的活动，后来经过演变，形成现代的畲族传统体育项目。近几年来，有关部门开始对该活动进行挖掘整理和改进，使该活动的形式方法、规则等更加完善合理，并正式定名为"摇锅"，并开始在一些大型活动及部分中小学推广。

摇锅作为一项集观赏、娱乐、竞技、健身四项一体的体育运动，它不仅注重增强人的腰腹、腿部力量，对于提高人体的灵敏性、协调性及身体的核心控制能力都有着一定的作用。而摇锅的动作非常简单易学，形式多种多样，对场地的要求也不高，适合不同年龄阶段、性别的人来锻炼娱乐。现在,摇锅正从山里走向山外,在中国畲乡三月三——畲乡民间传统体育节,浙江省首届体育大会等各种体育赛事中崭露头角,在浙江省第四届少数民族运动会上获得表演项目金奖,还被列入浙江省第四批非物质文化遗产保护项目,像一枝独特的民族体育奇葩,逐渐走进人们的视野。

据《浙江景宁县敕木山畲民调查记》载:"畲民总是非常好客、亲切,有礼貌……是一个和平的、谦虚的民族。他们从事艰苦的劳动,过着极端简朴的生活。"传统体育竞技活动摇锅正是畲民在艰苦劳动之余的休闲性活动,是畲民民族性格和人文历史的缩影。摇锅运动的价值主要体现在这几方面:首先是它所承载的历史价值。摇锅是历史在畲族民俗事象中的真实写照,畲民又将这一活动内容与畲族发展历史相联系,形成畲民休闲时间摇锅的习俗。流传至今,摇锅器具随处可有,活动的场地随处可是,活动的人数可多可少,活动的技艺简单易学,完全适应畲族大分散小聚居的居住方式,因而也具有鲜明的民族特征和浓郁的乡土气息,具有较完整的历史价值。其次是它所蕴含的人文和文化价值。摇锅活动适应畲族大分散小聚居、大多居住半山腰的居住方式,它的动作简单易学,形式多样,不受场地限制,适合不同年龄、性别的人锻炼娱乐等,也体现了畲族勤劳勇敢、团结和善的人文价值。摇锅是畲族传统体育活动,展现了畲族文化的自然质朴、眷恋乡土及畲族文化体育的个性,反映了畲族的民族品格和民族精神。另外就是作为一项传统的体育运动项目自身所含有的健身价值。摇锅是畲族传统体育竞技项目,是一项集健身、竞技、娱乐、观赏于一体的体育活动。该活动融趣味性、可行性、自发性于一体,摇锅运动可以锻炼到一个人的腰腹核心和下肢力量,此外在摆动的过程中通过控制身体重心可以提高身体平衡和小脑对人体的控制力,对晕船和晕车有很好的治疗效果,因此摇锅运动拥有非常好的体育锻炼价值。最后就是历史所赋予畲族传统体育项目的保护价值,畲族是具有悠久历史的少数民族,由于没有本民族的文字,摇锅等畲族体育文化很少见于汉文史籍记载,摇锅始于何时、如何发展,传承至今尚缺少足够的资料予以阐述,因而更具有较高的保护价值。

### 关于摇锅起源的口述资料

在 2015 年景宁三月三民族体育风情一条街活动展示现场遇到了景宁民族中学的学生蓝雯,她经常参加摇锅活动,乐观开朗的蓝雯同学向我讲述了她所知道的摇锅知识。

我们民族中学是发掘和开展畲族体育运动项目最好的学校,今天现场很多运动我都见过也玩过,这个摇锅看起来简单,其实要想摇稳站住还是很有难度的,我也是练了很久才找到窍门的。以前我也不明白摇锅这个项目是怎么来的,后来为了在三月三民族体育一条街活动中更好地帮助游客了解我们畲族的民族体育,我专门去找了些资料,也问了我们的老师。

后来才知道摇锅源自畲族古时的端午节习俗。在端午节包粽子时,畲民到山上砍来竹叶等,放入大铁锅里,将其烧成灰。烧完冷却后,畲民一人或多人将整口大锅摇回屋内,将灰加入水中泡米包粽子。久而久之,人们发现摇锅娱乐性强,能够强身健体。这个项目的诀窍就是要手脚并用,掌握平衡。前几年,我也参加过"三月三"节日的民族体育活动,那时我玩得很开心。今年招募志愿者时(我)就报名了,我希望能帮助别人玩得开心。我们学校和其他学校不一样,每个周五都有一节体育课,专门教传统体育项目。我们老师说,希望通过活动,把这些民族体育项目保护好,传承好。

### 关于摇锅比赛内容的口述资料

被访谈人:雷艾明。在浙江省第四届少数民族运动会现场,看到雷老师表演了非常精彩的花样摇锅,现场的观众对他报以热烈的掌声,雷老师非常热情地介绍了具体的玩法。

花样摇锅基本动作要领:

一个或多个人以站或坐或蹲等不同的姿势,运用身体重心的变化和四肢、腰腹的力量,协调配合,使锅按不同的方向移动或转动。竞赛以锅的前沿来判定在同等的距离内所用的时间多少决定名次,时间少的名次在前。花样摇锅形式有单人摇:站、蹲、坐、俯卧、仰卧;有双人(混合)摇:双人站立、一站一坐、双人蹲、双人面对面坐、双人背对背坐、双人面对面站、双人背对背站。有多人摇:结合单、双人的不同形式。有自创摇:根据不同形式自己创造有难度的摇锅。

操作和竞赛规则:

运动员在比赛过程中,应自始至终在各自场地内进行,运动员在同一个动作形式下,以裁判员宣布比赛开始,在相同的时间内裁判员宣布比赛结束完成动作。在比赛过程中如果出现动作失败,必须重新组合动作继续比赛,以锅边的标志线为界线,以转动的圈数来判定名次,取转动整数的圈数,圈数多名次在前;自创摇以创新动作的难易度打分来判定名次。

摇锅竞速基本动作要领:

双脚左右开立,脚用力支撑在锅壁上。上体稍前倾,稳定重心,保持身体平衡,以双手臂摆动及腰腹力量带动双腿有节奏地向锅壁踏、蹬,使锅沿直线方向移动。一个或多个人站或坐或蹲在锅里,运用身体重心的变化和四肢、腰腹的力量,协调配合,使锅沿直线方向移动,以锅的前沿来判定在同等的距离内所用的时间多少决定名次,时间少的名次在前。

操作和竞赛规则:

摇锅竞速比赛分为单项(个人、双人、混合)比赛、接力比赛,可根据比赛需要和场地状况设置跑道的多少。可根据年龄、性别特征选择锅的大小进行比赛。运动员在比赛过程中,应自始至终在各自跑道内进行。以锅的前沿在起点线后,裁判员宣布比赛开始,运动员上器械开始比赛。比赛过程中如果运动员出现掉下器械的情况,须在触地(落地)处重新上器械继续比赛。以锅前沿抵达终点线垂直面瞬间为比赛结束,所用时间少的名次在前。接力比赛可以分为迎面接力比赛和同向接力比赛。所使用的器材,一般采用铁皮或塑料材料自制而成。大小可不等,一般直径为0.5—1.5米。小的适合小孩,大的适合成人。摇锅场地一般选择无障碍硬质平地。

花样摇锅和摇锅竞速表演

# 第六节 稳凳

　　稳凳（问凳）是流传于浙江一带畲族民间的一项传统体育项目。它起源于上古时代，原名"问凳"。当时人们比较愚昧，身染疾病，家受灾难，以问凳方式祈求神灵保佑，以期消灾驱邪保全安宁，是一项宗教祈祷活动。具体活动是在三脚架上的一条长板凳上，两端各坐一人，上下翘动板凳，同时左右旋转，边问边答，告知除病的消灾方法，被称为"问凳"。随着社会的发展进步，这项活动逐步演变为带着浓厚体育色彩的传统体育项目。1987 年开始，体育工作者对其进行进一步挖掘、整理、改进，将问凳改名为"稳凳"。此后 10 多年时间里，从没停止过对稳凳项目的继续开发、研究。对稳凳的器材、动作、运动方法进行了多次改进，使此项目更具有民族性、健身性、竞技性、观赏性、普及性，深受广大民众的青睐。

## 稳凳运动功能与价值

稳凳项目随着少数民族社会的发展和进步逐步演变成为一项民间传统体育活动,它最早起源于畲族的宗教祭祀活动,现在已经发展成为畲族人民最喜欢的一项民间传统体育运动项目。稳凳项目中主要有摇、摆、转、翻和旋等基本动作,在做这些动作的时候结合一些高难度的套圈、插旗等形式进行表演和比赛。经常参加稳凳运动能有效地锻炼灵敏、力量、柔韧、耐力等身体素质,提高平衡能力和提高大脑中枢神经系统的功能。对晕车、头昏、食欲不振等症状有着明显的改善作用,增进身心健康,培养勇敢精神和顽强拼搏、进取的作风。

景宁三月三民族体育一条街活动运动员在表演稳凳

### 关于稳凳起源的口述资料

稳凳项目起源和发展的讲述人是稳凳项目非物质文化遗产传承人蓝近平,访谈时间是 2015 年 7 月。稳凳是丽水市非物质文化遗产第四批批准项目。

我是畲族人,这些年一直在推广和发展畲族传统体育项目,我们学校发掘和整理了多个畲族传统体育项目，像打篾球、摘柿子、操石磉等，今年 8 月将带队伍参加全国少数民族运动会。

稳凳项目起源于畲族早期的祈求神灵、赐法求医、消灾驱邪等宗教祭祀活动。上古时代，畲族村落中有人身染疾病或家受灾难，师公们会以"问凳"方式祈祷：两端各坐一人，上下翘动，同时左右旋转，一问一答，告知除病消灾的方法，祈求神灵保佑，以期待消灾灭邪保全安宁，因此被称为"问凳"。

（问凳）随着人类社会的发展进步而逐渐演变为民间体育活动，后来通过整理发掘将问凳发展成现在的运动项目稳凳。（从）名字上面（可以）看出这个项目的变化，一个是问，一个是稳，现在统称为稳凳。本人在 2007 年获得浙江省非物质文化遗产传承人称号，稳凳项目被列入第二批浙江省非物质文化遗产名录。我现在还兼任景宁地方武术协会秘书长，今年浙江省少数民族运动会景宁武术代表队取得两块金牌，对发展和传承畲族武术很有意义。

形式有稳凳套圈和稳凳插旗两种。稳凳套圈是由两名运动员分别坐于凳子的两端，每名运动员手持十个竹制小套圈，他们必须在不断转、翘板凳的过程中，力争将圈套在离凳 2—3 米远的旗杆上，最后以套中多者为胜。稳凳插旗也是由两名运动员分别坐于凳的两端，他们手中各持一面红旗，然后开始转动稳凳，裁判下令后，力争将旗插在近处的旗杆上，以先插进者为胜。

稳凳活动形式主要是由 2—4 人在转翘的器械上做各种身体练习、竞赛或表演。主要动作包括抓、摆、蹬、摇、翻、挺、屈、仰、投、抛等基本技术。竞赛或表演的形式主要有两种：（1）"稳凳"套圈。方法是参与者分别站在凳的一端，手持凳板扶手，上凳后，在快速

**象溪镇石牌门村村民在表演"稳凳"**

转翘板凳的过程中,将地上的 10 个小圈逐个捡起,并套进离凳 3.5 米远处的标志杆中,最后以套中多者为胜。(2)"稳凳"插旗。方法是:竞赛者每人手持一彩旗,上凳后在快速转翘板凳的过程中,将旗插入离凳 0.6 米处的标杆内,先插上者为胜。

稳凳活动具有较强的健身、竞技、娱乐、表演、教育、传承民族文化及促进经济发展等价值,现已被景宁地区的民族中、小学列为体育教学和竞赛内容。稳凳项目曾代表浙江省参加全国第 4—8 届少数民族传统体育运动会和全国第 3 届农民运动会,均获表演赛金奖。

### 关于稳凳技术的口述资料(一)

蓝近平作为景宁民族中学的老师和稳凳项目非物质文化遗产传承人,他一直在研究和推广稳凳项目。稳凳的主要技术包括下面几种:

　　上凳：是指运动员登上离地一定高度的稳凳凳面的方法,根据凳的高矮或运动水平的高低,其技术分为直接上凳法和跑动上凳法两种。直接上凳法,适合初学者或在矮凳上(高1.2米以下)使用。动作要领:预备时,左手扶凳板,右手抓握板凳前扶手,上凳时上体侧前倾,左腿用力蹬离地面,同时右腿以髋为轴,直腿后摆于凳上。跑动上凳法是指运动员通过助跑(走)的方式登上稳凳凳面的方法。动作要领:预备时,左手扶凳,右手抓握前扶手,上凳时双方运动员先按逆时针方向跑动3—5步后,左腿用力蹬地,右腿后摆越过后扶手分腿骑坐于凳上。

　　凳上动作:是指运动员上凳后所做的各种技术动作,包括转翘板凳、套圈、分腿骑坐套圈、单挂膝翻下挺身套圈、双扣腿后仰套圈、分腿骑坐转身插旗等。

　　转翘板凳:指运动员上凳后,通过双脚不停地蹬踩地面,使板凳沿逆时针方向转翘的方法。这是做好稳凳凳上动作的基础,是稳凳运动员必须掌握的基本技术。动作要领:上凳后,运动员以左脚前掌内侧和右脚外侧,依次蹬踏地面。

　　套圈动作:指运动员在一定时间内,在快速转翘稳凳的状态下,将一定数量的小圈套向离凳3.5米远的标志杆内,以套中多者为胜的方法,因此正确掌握套圈技术显得尤为重要。动作要领:用右手大拇指、食指、中指握圈,无名指、小指自然卷曲附后,将圈持在胸前,与地面成水平。套圈时,通过向前伸臂、后屈腕和展指的力量将圈抛出去。

　　分腿骑坐套圈:指运动员上凳后成分腿骑坐姿势,在快速转翘稳凳的过程中,将小圈套进距凳3.5米远的标志杆的方法。这是最基础的凳上套圈动作，是初学者必须掌握的基本技术。动作要领：运动员通过用力蹬地使稳凳快速转翘后，左手握前扶手，右手持圈。当板凳转翘接近最高点时，与目标（标志杆）成约 30 度角时，上体右转，通过伸臂、后屈腕将圈抛出去。[1]

单挂膝挺身套圈：指运动员在凳上采用侧身翻下成单挂膝挺身姿势，并将地上的小圈捡起套进标志杆的方法。此动作技术难度较大，要求运动员具有一定的力量、柔韧性等素质。动作要领：运动员在放圈处蹬离地面后，开始左臂屈肘，左手握前扶手，上体前倾，身体侧翻下，左膝顺势挂住后扶手，当凳转至一周，正好下落在放圈处时，右手及时捡圈，并开始做挺身动作，在随凳上翘时，出手点与目标成约 30 度角时，将圈抛出。

双扣腿后仰套圈：指运动员在凳上采用双腿扣住凳板，上体后仰，将地上的圈捡起并套向目标的方法。这也是难度较大的动作之一，要求运动员具备一定的柔韧和力量素质。动作要领：在放圈处蹬地后，当凳转翘至接近最高点时，开始左手换握后扶手，左右小腿交叉以脚踝扣住凳板，同时上体后仰。在凳端降至放圈处时，右手捡圈，当凳转翘接近最高点与目标成约 10 度角时，将圈向后抛出。

分腿骑坐转身插旗：指运动员采用分腿骑坐的姿势，在快速转翘稳凳的状态下，将小旗插入离凳端 0.6 米处，直径为 0.03 米的插旗座内的方法。主要技术包括：持旗、插旗两部分。持旗动作要领：用右手大拇指、食指、中指的第一指节握住离旗杆下端约 0.3

---

① 方哲红：《民族传统体育教学与训练》，北京体育大学出版社 2010 年版，第 192 页。

米处,无名指及小指轻托旗杆内侧,使旗杆与地面成垂直状态。插旗动作要领:左手扶前扶手,上体右后转,在凳下降与插旗座成20度左右角时,瞄准目标,右手将旗杆稳、准地插进插旗座内。

下凳:主要分为依次下凳和同时下凳两种。

依次下凳:指一方队员先下凳后,另一方队员再下凳的方法。这是一般初学者或身体素质较差者的练习方法。动作要领:当稳凳的速度逐渐减慢至将停住时,后下的运动员上体后仰、双腿微屈地撑住稳凳;先下的运动员双手握撑扶手或左手握扶手右手扶凳板,上体稍前倾,右腿用力后摆,跨过后扶手着地(注意:用脚前掌着地做屈膝缓冲动作);这时后下的队员方可站起,一腿外摆过后扶手离凳。

同时下凳:指双方队员同时下稳凳的一种方法。它要求队员具有一定的运动基础和较好的身体素质。动作要领:当稳凳的速度逐渐减慢时,由一方队员发出指令,一般是用叫口令的方法,如喊"1,2,3"的"3"时,双方队员同时做下凳动作。因转翘的惯性,稳凳仍在转动,这时双方队员均不能松开扶手;若在高凳上,应跟随稳凳转翘一两圈待凳停稳。

## 关于稳凳技术的口述资料(二)

被访谈人:雷乐乐,16岁,学生。访谈现场是景宁畲族三月三民族风情一条街活动现场。

我是景宁中学的学生,经常玩这个运动,感觉很有意思。刚开始玩的时候和跷跷板一样一上一下,不过一转我就晕了,感觉要掉下来。开始手是牢牢抓住扶手只求不要掉下来,根本没有办法抓到放在地上的圈,当被同伴挺起来的时候特别的慌,总是尽力控制住身体不要掉下来。后来玩多了自己能控制平衡后感觉轻松很多,手也不用抓住把手,这样可以抓地上的圈去投立柱。当然如果是两个人比赛的话想让自己抓多点而不让对手抓到还是很需要技巧的,我们老师教了很多技巧。我知道这个项目是我们畲族特色的运动项目,很锻炼人的胆量和平衡,希望越来越多的人能够参与到这项运动中来,真的很好玩。我知道提高套圈命中率的方法:

1.出手的时机。这里应注意有一个提前量,因套圈是在稳凳不停地快速转翘的过程中进行的,与转速有密切关系,如凳转得越快,出手的提前量越大,反之就越小。这必须通过运动员自身的反复实践,找到最佳的出手时机。

2.出手的角度。指出手点与目标(标志杆)的角度,出手的角度与命中率关系很大。这里必须说明的是,因套圈的姿势不同或转速不同,出手的角度也应有所区别,这同样需要运动员通过长期练习、摸索,确定最佳出手点。

3.出手的力量。指套圈时手臂所用的力量。因套圈时,稳凳转翘速度快,动作易变形等因素,所以要求运动员手臂、手腕、手指要放松,出手要柔和,最忌手臂僵硬,用力过猛。

4.出手的姿势:指运动员套圈时采用的身体姿势。稳凳套圈的身体姿势包括分腿骑坐、单挂膝挺身、双扣腿后仰。因姿势不同,套圈的出手时机、出手角度及力量都有所区别。如双扣腿后仰套圈时,在与目标最近时出手,出手点基本与目标成水平,出手角度与目标成10—15度角即可;而挂膝挺身套圈时因出手点与目标距离较远,出手点低,出手角度在30度以上。

# 第七节　畲族武术

　　畲族武术源远流长,内容丰富。它以提高搏斗技能为主旨,更巧妙的是其中还渗透着中国古代医学理论与实践,具体表现在可以调节阴阳,改变人体内环境,使人获得"和谐情感"和"健康延行之益"。战争是其发展主要的影响因素。人们为了获取格斗、械斗的技能和技巧,寻找一些方法进行操练。畲族人民把这种操练的方法和形式称之为畲拳。畲拳为畲族独创,至今已有 300 多年的历史。创编者号雷乌龙,人们都尊称他为"乌龙公"。

　　畲拳的主要动作有冲、扭、搁、削、托、拨、踢、扫、跳等。进攻和防守时别有一番讲究,进攻时多用拳肘,防守时常用前臂和掌,讲究以肘护肋,步伐稳健,动作紧凑,进退灵活,"下如铁钉,上如车轮,手如辗盘,眼如铜铃"便是其最大的特点。十分可贵的是,畲民上至古稀老人,下至学龄儿童,不论男女都有练拳习武的爱好。所以畲家拳的流派和套路有数十种之多也就不足为奇了,练功的方法也很特别。就如练铁砂掌之前,必须先砍一节精壮的竹筒,在里面装一条毒蛇。蛇腐烂后,练武者便将手伸进竹筒,蛇毒使其手奇痒难忍,所以急需插入米糠、谷子或沙子及铁砂中摩擦。要是笼统地说棍术,就连拄杖、锄头、扁担等生产工具都是习武器械。"盘柴槌",俗称打柴棍,是棍术的一种,有长短之分,长的 3.6 米左右,短的也有 2.3 米。其招式多样,有 7 步、9 步、猴子翻身、双头槌、3 步跳、4 步半、天观地测等。畲族武术注重内外兼修,注重调息行气和意念活动,经常练习不但能收到壮内强外的效果,而且对治疗多种慢性冷热病和调节人体内环境平衡均有良好的医疗保健作用。[①]

### 畲族武术起源口述资料

口述人:雷林生(音),54 岁。遇见雷老是在浙江省第四届少数民族体育运动会现场,老人代表丽水参加武术表演。

我小时候就开始跟随爷爷练习武术。我原本有两个哥哥,因为那个时候家里穷,没有什么吃的,哥哥们体质又不好就夭折了。等我出生以后,家里面特别看重我,有什么好吃的都给我。爷爷会武术,他说要增强我的体质,所以在我很小的时候就开始练习武术了。那个时候我也不知道武术是什么,就是爷爷做我跟着学感觉很好玩。开始的时候我练习的是拳,爷爷说是畲家拳传男不传女,练完武术以后我的体质很好。这些年有空我就会练拳法,"文化大革命"那一段时间没敢练习,后来大集体干活也没有时间练习。现在的生活好了,我们老百姓富裕了,空闲时间也比较多。我本来想把拳法教给儿子的,但是他在小的时候不愿意学,长大了又到义乌去打工做生意,现在在义乌开了一家店,我现在主要在义乌看小孙子,我想等小孙子大一点把拳法教给他,可以强身健体。

## 一、畲族武术文化起源

一个民族某种特定文化的形成会受到多个因素的影响,而畲

---

① 缪仕晖、郭学松:《畲族武术文化缘起及特征研究》,《临沂大学学报》2014 年第 3 期,第 118—121 页。

族武术文化的形成和发展同样是受到了多个因素的影响。

第一点是畲族人民所面临的恶劣生活环境迫使他们产生尚武精神。畲族武术的缘起与畲民生活的自然环境有着密不可分的关系。有关历史可以追溯到 7 世纪以前，当时，畲族人民就已聚居在广东、江西、福建三省的交界地区。据《太平寰宇记》引《牛肃纪闻》云："江东采访使奏于处州南山洞中置汀州，州境五百里，山深林木秀茂，以领长汀、黄连（今宁化县）、杂（新）罗（今长汀县西南）三县。地多瘴疠……"①另外，又有宋王禹《畲田调》诗云："鼓声猎猎酒醺醺，斫上高山入乱云。自种自收还自足，不知尧舜是吾君。"②古文的记载生动形象地描绘了畲族人民居住的山高林密的荒芜环境。而畲族人民又居住在野兽时常出没的地方，因此要想在如此恶劣的环境下生存，畲族人民就必须拥有一定的抵御野兽袭击的技能。在无数次抵御野兽袭击后，畲族人民也就顺理成章地悟出了不少搏斗技能，现今的畲族武术中就有许多动作是从一些动物的攻防中衍生出来的。如畲族拳中的孔雀开屏、猛虎推山、饿牛顶柱、饿虎扑食、狮子摆尾、灵蛇吐信、黄牛转身、老虎跳墙、银蛇缠身、猿猴摘桃等就是从所遇到的动物中受到的启发。历史上，因为生存环境的恶劣，为了躲避天灾人祸，畲族人民有过多次的迁徙，并逐渐在以闽东为中心的地域形成了畲族文化生活圈。然而，迁徙后形成的畲族文化生活圈及所处的自然生活环境对畲族武术的进一步发展，仍有着积极的影响。海拔在 1000 米以下的丘陵山地在闽东

---

① ［宋］乐史：《太平寰宇记》卷一二〇，《江南东道》一四汀州条，北宋初年。
② 林荫生：《闽东畲族文化全书·体育卷》，民族出版社 2009 年版，第 1—2 页。

就有 90% 以上,浙南的丘陵、山地也很多,素有"七山一水二分田"之称。畲族比较集中的闽东境内有太姥、鹫岭两个山脉,浙南境内有括苍山脉的南延和洞宫诸山。① 故而,有畲谚云:"尊山为主我为客。"自唐乾符三年(876),畲族入迁闽东始,在偏僻山区的畲族人民很多都是搭寮而居的。居住环境的险恶及居住条件的简陋,给了野兽出没更多的可乘之机,正因如此,学习抵御野兽的搏斗技能对于畲人来说十分必要。另一方面,生活环境的恶劣使得农业发展受到了一定的限制,所以他们不得不寻求其他的方式来弥补经济收入的单一性,而丰富的猎物为他们提供了绝佳的机会,可谓一举两得。在狩猎过程中,畲人除了徒手擒兽外,更重要的是他们还开始使用工具。畲人狩猎的工具除火铳、陷阱、木龙、竹吊之外,还运用累刀、竹枪。在与野兽搏斗的一招一式中,畲人也悟出了不少搏斗动作理念,对他们今天的武术器械动作有着积极的指引性作用。正如邱丕相老师所言,使用利器与野兽搏斗的本领,这些技术孕育了武术技能,为武术的产生准备了物资条件。② 很多套路均以动物的攻击动作命名,比如,今天畲族拳套路"六门杖"中的老虎跳墙、灵蛇吐信、黄牛顶角等器械动作,与动物的攻防动作都有着密不可分的关联。总之,恶劣的生存环境造就了畲人的搏击术及使用器械的能力,也促就了畲人世代传承的尚武精神。

第二点是畲民生活社会环境中存在的武术行为促使出现很多的畲族武术人才。畲族是中国五十六个民族中的一员,一般是几

① 《畲族简史》编写组:《畲族简史》,民族出版社 2008 年版,第 172 页。
② 邱丕相:《中国武术文化散论》,上海人民出版社 2007 年版,第 1 页。

户或者几十户聚居成村,分布比较零散,周围基本是汉族村落。长期以来,畲族人民和汉族人民共同生产,共同生活,交往频繁,历经艰辛,披荆斩棘,从而促成了患难与共、休戚相关的难以分割的密切关系。① 历史上,畲族与生活区域周边的其他民族在文化、生活、生产及其他方面形成相互补充、相互学习、相互交流、相互融通的和谐局面。在日常的交流中,畲族人民所习练的武术与本地域其他民族的武术文化融为一体,受汉族一些武术文化的熏陶至深至远,可谓扮演着一种载体的功用。畲族在隋唐时期就已经出现在中华民族的大地上,隋唐时期,武风盛行,特别在唐朝,武举制的颁布,极大地鼓舞了民间的习武士气。另外,唐代尚武崇侠的思想也在一定程度上促进了武术的传播。宽裕的社会尚武制度以及良好的社会尚武之风,深深地影响着畲人的武术文化理念,后期畲人尚武进取功名与此也有着一定的关系。如康熙二年(1663),罗源县畲民蓝允忠考取武举人。康熙二十年(1681),罗源县畲民蓝名震考取武举人。② 古田县大桥镇梅坪村的雷一鸣自幼习武,于清道光二十八年(1848),考中武秀才。因此,历史上汉族习武炙热的社会风气是畲人尚武的重要诱因之一。

第三点是生活中受到其他民族的歧视迫使习武自保以免受扰。民族歧视的社会现象历来有之,只不过在不同的社会时期,表现的程度不一而已。畲族图腾崇拜主要以盘瓠为宗,但是历代的反动统治阶级却将这种信仰作为侮辱、歧视、污蔑少数民族的依

---

① 施联朱:《畲族风俗志》,中央民族学院出版社 1989 年版,第 1、162、17 页。
② 张天禄:《福州畲族志》,海潮艺术摄影出版社 2004 年版,第 273、150 页。

据。明清时期,生活在山区或沿海的畲族群众,仍被称为"畲民",但受统治阶级的民族压迫及民族歧视的情况日益严重。清顺治十八年(1661),朝廷厉行禁海迁界令,强迫连江和罗源沿海一带的畲民内迁 30 里,导致田园荒芜,房舍被焚,畲民流离失所。而更为严重的是族称及姓氏歧视,畲族被辱称为"蛇婆""邪客婆",或以姓氏辱称"蓝雷仔"。由于生产工具不发达、生产力低下、法律制度不健全、社会发展迟滞等诸多因素,在古代像畲族这样人数较少的少数民族经常会受到不公允的对待。长期的被歧视使畲族人民感觉到练习一种自卫技能很有必要,故而畲族武术开始成为日常生活甚至是生存的必需品。由于畲族人民经常被歧视、被欺侮,畲族男子就不得不学些武术作为自卫手段。①

第四点是畲族武术实践和传播的土壤主要源于对抗压迫斗争行为。唐、宋、元、明、清等时期,畲族人民掀起了一次又一次的大规模斗争,来反抗统治阶级残酷的剥削和压迫,这充分地显示了畲族人民不屈不挠的精神。唐初,雷万兴、苗自成、蓝奉高等人带领畲族人民掀起了长达几十年之久的反抗唐王朝统治的斗争。宋代,以畲族人李元励为首的畲族人民,在江西爆发了规模较大,为时三年的反抗斗争。宋末元初,福建畲族人民组成"畲军",配合文天祥、张世杰等抗元武装,展开声势浩大的抗元斗争。在冷兵器时代,在与统治者的正规军对抗中,畲族的武术技术价值尽得彰显。在历经数次与统治阶级的生死战斗中,反抗压迫斗争激发了畲人的尚武情操。畲族人民不仅将畲族武术灵活运用于战场上,而且

---

① 蓝运全、缪品枚、雷木生:《闽东畲族志》,民族出版社 1999 年版,第 30、426 页。

他们也从每次的战斗中总结归纳当时畲族武术中一些不适用于实战斗争的技术特征，并不断地进行有针对性的改造。无数次执干戈而卫家园的战斗和为战斗而战斗的意识不仅促进了畲族武术的传播，也检验了畲族武术的临场技术价值。在唐高宗时期，陈政"率府兵三千六百将士，自副将许天正以下一百二十三员，从其号令，前往七闽百粤交界绥安县北方……"①前去镇压畲族人民起义，在最后的战斗中也是以唐军的失败收场。

---

① （清）薛凝度：嘉靖《云霄厅志》卷一七，《艺文》，1929 年。

# 第八节　畲族祭祀舞蹈

　　畲族祭祀舞蹈主要包括传师学师舞、打舞、铃刀舞、祭祖舞、龙头舞、迎祖舞、行罡舞等,后四种已失传。

## 一、畲族"传师学师"仪式

　　畲族的"传师学师"仪式是畲族特殊的宗教仪式,是畲民获得"巫师"身份的必经仪式。借助传师学师,"学师"者可以获得祭祀仪式中的初级法师资格。传师学师又有"做聚头""奏名传法"等名称,"学师"者进行一个被称为"度戒"的仪式,以得到"法名"和初级法师资格。

　　"传师学师"其实是畲族民间舞蹈中的一种统称,指的是畲族男性成人仪式中所跳所有的舞段的合集。其舞蹈的特色在于通过简单朴素的舞蹈动作结合上法师的唱词,充分表现出畲族文化的伊始、发展、变迁及兴衰。也借此来表现出畲族成年男性对于祖先的祭奠学习和崇拜精神,在对男性正式转变为成年人表示肯定的同时传承了畲族的民族和文化精神。同时该舞蹈存在的意义不单单在于其艺术价值,较之更加重要的是其在漫长的历史长河中沉淀而产生的社会文化价值。到目前为止,畲族祭祀舞蹈依旧得以传承的仅剩下"传师学师"和"做功德"了,两者分别是在被称为"做阳"和"做阴"仪式中所跳的舞蹈。"做阳"还有一种叫法叫作"做聚头",其实指的就是男子的成人礼。民族舞蹈的发生发展变异其实都是一种以人为载体的文化保存和文化表现,借助群众来实现一定环境中的传承,同时伴随着社会生活发展而发展。"传师学师"舞蹈能表现出的不单单是其作为成人礼仪舞蹈,而更应该通过此意义呈现出此民族长期以来积累沉淀的精神和文化底蕴。由于畲族属于我国汉藏语语系苗瑶语族,所以没有属于自己的文字。在民族文化及历史上需要依靠言传身教,而"传师学师"作为一种民族舞蹈,通过家族为单位,以歌舞的形式不断向下一代成年男性传授着属于自己的民族文化和民族历史,这一行为正是言传身教的典范。

## "传师学师"仪式的口述资料

蓝余根,男,畲族,1939 年 5 月出生,景宁畲族自治县鹤溪镇东弄村人。蓝余根出生在"传师学师"和"做功德"的世家,据其忆述"做功德"已六代相传,受家庭熏陶,蓝余根十几岁便开始学习,学唱山歌和"做功德"舞蹈。一支标有法名为"法律"的龙角代代相传几百年,至今仍保留完好。

畲族曾度过漫长的以狩猎为生的原始社会,历代居住在高山区,这种深山狩猎、刀耕火种的生产方式在畲族舞蹈中得到反映。畲族主要舞蹈《传师学师》是歌颂自己的始祖龙麒王为了后代子孙的生存繁衍和昌盛表现出的奋发精神和劳苦功绩,并通过舞蹈使之代代相传。还要求人人学会做"功德",通过"功德"的歌舞来传授文化知识,坚定振兴自己民族的信念。

蓝余根年轻时,村里的红白喜事,场场参加,外村的红白喜事也是有请必到。"文化大革命"期间将畲族民歌、舞蹈作为"四旧"

打入冷宫,严禁歌舞,但蓝余根白天不做,夜里照常,在他的带领下,东弄村就有10多人跟着他学做。其子蓝光进也是村中稍有名气的歌手。

"传师学师"大致可以将仪式分为三个阶段:第一阶段是向天地、祖师及自己的师公祝拜。第二阶段则要摆设法坛,并由"学师"者接受法师传授的作法工具,例如锣鼓、龙刀、衣衫、头冠、神水、龙角等器物。在仪式中还有被称为"坐坛""置坛""洗坛""传度""坐筵""拆坛"等环节。除此之外,在大堂的墙壁上的师爷香炉上还必须悬挂金鸡、玉兔、门神、三清、片项公、射猎先祖及畲祖盘瓠王的一生祖图,其内容描绘了畲祖从诞生到娶妻、生子、射猎等最后一直到殉亡。第三阶段是所有的"学师"者要在前辈法师的带领下表演"行乞归家""坐龙潭""过五岳山"等舞蹈情景。

**蓝余根和祖传的龙角**

蓝余根认为,"传师学师""做功德"是畲族一种特殊的祭祀风俗,在畲族民间已流传了七百多年。"做功德"是畲族在成年人死后,家属为"超度亡灵"而举行的传统祭祀仪式,也称"做阴"。传师学师与做功德是畲族1000多年农耕文明的印证,是畲民族人文历史的缩影,其中所蕴含的民俗礼仪、舞蹈动作、演唱音调等都不同程度地印证了景宁畲族先民开创时期进行刀耕火种的农耕文明和生态环境。

## 二、"传师学师"舞蹈诞生渊源

《中国民族民间舞蹈集成(浙江省丽水卷)》里"传师学师"的概念是将舞蹈以名称细分,同时又定义其为祭祀。舞蹈分为六十四段,其中包含了"八卦舞""狩猎舞""铃刀舞""神罡舞"等。舞蹈的名称意义包含了传授(传师)和学习(学师),其在《景宁县志》中被定义为"祭祖"一类:"畲民时而祭祖,则号为醮名,其属相贺。能举者得戴巾以为荣(即明时皂隶巾)。一举,衫则蓝,三举,衣且红,贵贱于是乎别矣。"

在畲族部族中想要成为正式拥有权力的成年人则必须举行过该仪式。而说到其舞蹈起源,则必须追溯该民族之历史渊源。说到其渊源,在学术界有三种理论三足鼎立:

观点一为畲、苗、瑶同源说,始祖为盘瓠王,其族人为"荆蛮"。这一观点的代表作是吴永章所著的《畲族与瑶苗比较研究》。在该说法中,畲祖远古曾存于荆州,楚国时期其部族向西部与南部移居,最终促使了部族的南移过程。其祖盘瓠的传说在南宋人范晔所著的《后汉书》中有明确记载。其族人,也就是畲、苗、瑶的先人,在汉代时期被称为"盘瓠蛮"。其称呼也是来自于有关盘瓠的传说。盘瓠蛮在魏晋南北朝时期分布极广,不过分布地基本以淮、汉、江等水流域为中心,可以说是达到了其部族分布在历史上的顶峰。而到了西汉时期,由于"刀耕火种"的盛行,加上统治阶级的压迫,导致"盘瓠蛮"开始了漫漫的迁徙之旅。在这个过程中苗族先分离独立,其后是瑶族与畲族,最后形成了三支不同的种族支脉。此观点为名家所赞同的主要凭据是《南蛮列传》所描述的盘瓠是起源于远古"荆蛮"的。而《后汉书》又属于历史学正史,学术上称之为"前四史"。所以其记载的盘瓠传说更是被尊为圭臬。

观点二认为畲族是江浙一带民族独立演变而成的,其民族根源被认为是百越或者越族(古代南方民族的总称)的后代,由于受到汉族的压迫而进入山林,与世隔绝最后形成了赣、粤、闽等畲族的聚居地。

观点三认为在殷商时期畲族就作为一支"蛮夷"而存在了,其代表作为浙江少数民族师范学校第一任校长钟玮琪先生主笔的《畲族史源》。书中认为在公元前殷商时期畲族主要分布在河南省汝南、南阳、颍川、冯翊四个地区,是一个凝聚力强的繁荣民族。只因"武王剪商"而南迁,最后才形成现在的赣、粤、闽畲族聚集区。而到了唐朝,在公元 669 年时,唐高宗命陈元光父子于畲族聚居区镇压畲族人民只为"靖边方"。在历时四十余年的战争中,畲族元气大伤,于是出现了自中唐后期向闽东迁移这一情况。宋元时期,畲族人民散居在闽粤的惠、漳、汀等地。这种情况一直到了明朝末期才开始改变,出现了畲民迁徙进入浙江的情形。而浙江丽水数百年来社会环境稳定,在明代成为畲族三路迁徙的交汇点,发展到现在逐渐演变成了畲族传统文化中心。

《做阳课本全集》相对属于保存较好的畲族文本资料,其保存于浙江丽水山根村。而其内容与一些畲族古资料帮助我们详细地了解了畲族古文化,例如祖图、祖画、宗谱、族谱。根据文献记载,相传畲祖也就是盘瓠(龙麒),为高辛帝喾第五个儿子,临危受命在帝喾危难时分取燕王首级,夺回西陲边界,并于公元前2343年被帝喾封王,称之为忠勇王。后管辖帝喾统领西南重地,称西南王。畲祖与三公主婚后生三男一女,分别姓雷、蓝、盘、钟。传畲祖一日上山打猎,遇见庐山老祖,老祖将龙头宝杖赠予畲祖以振国安邦。畲祖为了子孙后代世代昌盛,历经艰险前往闾山学得"神罡法"归。而后代为了弘扬这一法术,则命年满十六周岁青年男子皆须学习该法术,也就是"传师学师"。那么这能否看作是其舞蹈的早期雏形呢?在《畲族渊源初探》中,作者肖孝正指出畲族盘瓠时期为原始母系氏族转变为父系氏族的后期,这是一个从原始社会过渡至奴隶社会的时期,同时是由血缘氏族过渡到地域性部落的时期。也就是畲族史诗《高皇歌》中说的"说人便说世人事,三皇五帝振乾坤"这个时期。商末时期,畲族人民参加了周武王剪商运动。到了纣王时期,被认作蛮夷之一的畲族遭到了讨伐而被迫南迁。而在"传师学师"中有一段词描绘了一个生动的场景:"清河海,海龙王,请海龙王来救渡,救我弟子过长江。"大致讲的是南迁时畲族路遇长江天堑,其后又有纣王追兵。此时长江却突然结冰而救畲民于水火。那么从这段词中是不是就可以确定"传师学师"诞生于南迁之前呢?同时在父系社会时期是否"传师学师"就已经诞生了呢?有人认为其实"传师学师"属于宗教的一种入教必修舞蹈,而其发祥地是闾山,该宗教则被称为"阳教"。学习此舞蹈的目的主要有两点:其一是据说当年畲族盘瓠的"神罡法"为气功的一种,威力大到传授时面前不能站人否则存在危险。由于修炼要求高及其独特性,属于该民族独家传授而不传外。其二是通过歌舞传承民族历史,在族长推选中更加偏向入过教的人。同时该歌舞的特色是将"传师"与"学法"合而为一。在学习"传师学师"的目的及意义上,不论是为入教或是学法又或是兼具,至少有一点可以肯定,那就是"传师学师"的舞蹈诞生与发展是伴随着畲族诞生与发展的,其发生、发展、繁荣和衰落与畲族同起同落。在漫漫历史中,作为畲族独有的自足性群体传统活动,"传师学师"对其经济与精神领域有着巨大的影响。当然,伴随着时代的变迁,其舞蹈也体现了不同的时代内容。

## 三、"传师学师"舞蹈历史演变

"传师学师"舞蹈逐渐变为成人礼,进而在世界上拥有了较高的流行度。该舞蹈基本上在不同程度不同内容的训练上要求其整体的系统性。风俗习惯的诞生大多需要长期历史发展与积累并不断地沉淀演化,这对于每一个民族都是大同小异的。而演变结果的差异主要体现在对该民族生活条件、居住环境及其他文化上的深远影响。

由法国社会学家列维·布留尔编写的著作里这样写道:判别一个人是青年人还是成年人,最重要的指标就是他在这个地区或者是部落里面有没有做过成年礼。做过成年礼了就是成年人,否则他就属于小孩子,这种情况在大多数地方的原始部落里面都是存在的,经过了成年礼仪的人才能在自己的部落里面找到适合自己的位置。而这里成年礼的仪式体现在畲族文化中则是一种"传师学师"的习俗。"传师学师"发展到了两宋时期而开始缓慢演变形成了一种场面宏大带有宗教祭祀性质同时结合自然及图腾崇拜的舞蹈。

# 第九节　畲族民族传统体育文化解读

　　景宁畲族自治县,作为我国唯一的畲族自治县,隶属于我国浙江省丽水市。这里居住着的畲族人口占到全省总人口的 80% 以上。景宁地区发掘及整理出的民族传统体育项目多达 20 几项。这些传统体育项目,具有良好的群众基础和浓郁的民族色彩。根据其内容、特点及性质为标准,可总结并区分为三大类:第一类是源于畲族人民日常劳动生产过程的体育项目,如赶野猪、登山等。第二类是产生于社会斗争历程的,如法山拳、打尺寸等。第三类是用于宗教仪式的,如稳凳、抄杠等。其中稳凳、抄扛等更是作为表演项目,在全国少数民族运动会中多次取得优异成绩。畲族的民族传统体育活动主要有以下特点。

## 一、与劳动生产相关,具有一定实用性

　　体育活动通常是在人类生产实践中不断分离、提炼,逐步派生出来的具有一定完整性、竞技性、独立性的人类特殊行为。体育文化作为体育活动对应的"上层建筑",源于人类生产实践过程,是人类文化的重要组成部分。畲族传统体育活动及体育文化,同样与畲族人民生存环境、民族意志有着密切的关系。"畲"字,在汉语中意为"开荒辟地,刀耕火种"。在与汉族人长期交流及融合过程中,畲族人民常自称"山哈",其意为"居住在山里的客人"。关于畲族起源问题,众说纷纭。相传,畲族与瑶族同为始祖盘瓠之后,后在

其发展及迁徙过程中,与蛮、越、闽及汉等各族群体进行了混化及交融。唐玄宗开元年间,畲族人民被迫向粤、赣、闽三省边境山区转移,并一直过着原始的狩猎和刀耕火种生活。多年来,在丛林密布、荆棘遍野、野兽成群的艰难自然环境下,畲族人民为求生存,掌握了打铳射猎的重要技巧,同时狩猎也成为畲家男子的重要副业。畲族人开展狩猎活动,既可以个人单独行动,也常有组织集体行动,并在集体狩猎活动过程中,制定了一系列规则。如,当获集体狩猎成功时,击中野兽第一铳者,便可以分得野兽的头部、外皮及部分兽肉。若第一铳击中,野兽未致死,仍在活着并窜逃,此时有另一个人补铳后,野兽才死的,则野兽的头部及外皮归第一铳者,部分兽肉则与补铳者均分,其余兽肉按含剩余参与人数平均分配。时至今日,仍然有不少住在山区的畲族人民,喜爱用铳狩猎,并由此发展到畲族人民经常自发组织打铳竞射比赛。此后,打铳成为畲族一项颇具代表性的传统体育项目。

## 二、颇具民族特色,带有显著的民族性

畲族体育文化因其独特的历史发展背景及因素,而具有其独特的民族气息和民族意识。畲族历来是一个具有较强民族自尊心和反抗意识的民族,在长期的发展过程中,畲族人民一方面不仅要抵抗自然灾害和恶劣自然环境的困扰,另一方面还要与历代统治阶级的残酷压迫剥削做抗争。畲族人民为获得种族生存和延续的机会,就必须要养成强健的体魄和扎实的防御功夫,广为后人熟知的畲族武术即在该种环境下发展而来。畲拳作为畲族武术的代表性运动项目,与棍术一道在畲族群体中广为流传。畲拳为畲族人

独立创作,距今已有数百年的悠久历史。相传,一位被畲族人尊称为"乌龙公"的畲民,创立了畲拳。畲拳的组成动作主要有拨、踢、冲、削、托、跳、顶等。发起进攻时,多采用拳与手肘,采取防守措施时,则通常采用前臂和掌心来完成。畲拳具有以肘护肋、步伐稳健、动作灵活的特点。畲拳的流派和套路多达数十种。畲拳的传统练习方法也很特别,例如,在练铁砂掌之前,需先取来一节大小合适的竹筒,并在竹筒内装入一条毒蛇,待毒蛇腐烂之后,练习者再将其手掌放入竹筒内,腐烂的毒蛇会使其手掌奇痒难耐,练习者在其刺激下会迅速将其手掌放入米糠或谷物、沙子中进行摩擦。数日之后,经反复练习,练习者的皮肤变得坚硬耐磨,从而达到畲拳要求的铁砂掌的要求。又如畲族人民喜欢的另一体育项目"打尺寸",相传该项目起源于唐代畲民起义过程中,畲族人民赤手拨箭的英雄事迹,后发展成为畲族一项独特的体育项目。[①]

### 三、民俗习惯蕴含其中,具有民俗性

畲族人家对其祖先有着家喻户晓的传说,畲族人的祖先号盘瓠,族人对其崇拜有加,并把传师学师作为崇敬其祖先盘瓠,同时寓教后代不忘缅怀祖先的一项世代相传的祭祀活动。该祭祀活动主要目的在于,反映并纪念畲族祖先为种族生存与恶劣自然环境相搏斗,与一切黑恶势力相抗争的艰难历程。祭祀活动择黄道吉日,并以本族祭师为主持法师主持全局。整个祭祀活动的步骤主要有:造老君殿、造井收师、造水洗坛、招兵排兵、告神参牒、关兵出

---

① 蒋炳钊:《畲族史稿》,厦门大学出版社 1988 年版。

门斗五营、过九重山、置龙坛、引坛打仗、五岳山老虎抢猪头、折寨等。这类起源于民族重大祭祀活动的传师学师的活动,充分体现出了畲族传统文化对其体育活动及体育文化带来的重要影响。

## 四、具有浓厚的宗教信仰色彩,具有信仰性

如同其他许多少数民族一样,畲族人民亦有着其独特的宗教信仰。宗教信仰深入影响着畲族人民的日常生活、风俗习惯,并对其民族体育文化的形成同样产生了重要影响。有些体育项目甚至直接为民族宗教仪式的组成部分,或由宗教仪式、其他迷信活动逐渐演变而来。畲族传统体育活动中,最具宗教色彩的体育项目稳凳,又叫"问凳"。该项体育活动得以形成的原因,是畲族人民认为所有的板凳都是能够通灵,具有一定灵性的。相传,畲族人民利用其从山上砍来的带叉的树枝做成支架状,并找来另外一条长板凳,将板凳中间凿出一个洞,然后将其放在支架上,起名为"问凳架"。如日后有族人身患疾病,或家有灾难,来到板凳前,采用"问凳"的形式,祈求神灵赐法救人、消灾驱邪、保佑家庭安宁。新中国成立后,畲族人民文化素质得以提高,传统"问凳"保佑族人安宁及求医的迷信活动逐渐被族人抛弃,"问凳"这一特殊的宗教迷信活动后转变为一项群众性的健身娱乐活动。经过国家相关部门、科研单位及民间力量的共同推进,有望通过改进"问凳"活动的游戏规则,改变其活动器材,使"问凳"成为一项具有民族性、竞技性、娱乐性的全民体育活动。

## 五、具有健身性及娱乐性

体育活动区别于其他的文体活动最重要的特征之一,即为其具有使参与者达到强身健体的特殊作用。体育活动除了具有健身性、竞技性外,同样具有一定的娱乐性。通过参与体育活动,促进身体各项激素分泌,能够达到调节人情绪,放松身心的作用。少数民族体育活动作为少数民族群众调节自身身心状态,满足日常锻炼及消遣目的的重要措施,同样具有健身性及娱乐性,是少数民族智慧的结晶。畲族传统体育项目"操石磉"便起源于畲族青年滚卵石的玩耍游戏,后发展成为每逢夏收喜庆之日,畲族人民便集结街头,集体开展操石磉表演或比赛。操石磉逐渐为全体畲族人民所接受,并发展成为全族性的健身娱乐活动。与此相似的还有"抄杠"活动,该活动起源于畲族人民经常锻炼和比试力量的生活习惯,各村寨之间以武会友,比赛抄杠。此外,畲族人还有一项传承度较高的体育项目——竹林竞技。竹林竞技的活动规则为多人同时参赛,只能用手不能用脚必须完成爬竹竿的任务。由于爬杆时动作各异,有的甚至如猿猴一般敏捷,画面十分逗趣,因此广为族人喜爱。这些畲族传统体育已成为畲族人民健身娱乐并具有广泛传承度的群众性体育活动。[①]

## 六、与民族文化相结合,具有交融性

畲族是一个能歌善舞的民族,其民族舞蹈多与民族宗教活动、

---

① 《畲族简史》编写组:《畲族简史》,福建人民出版社1980年版。

祭祀仪式、民族重大事件或重要人物相关。如每年农历三月初三，畲族人极为重视的"乌饭节"，畲族人将在该天举行盛大的歌舞会，用以纪念唐高宗年间的民族英雄雷万兴。

　　畲族传统体育文化，是畲族人民在长期的艰难的生产生活中，为满足族人身心需要的重要产物，畲族传统体育活动和项目早已染上了畲族传统文化的鲜明色彩。深入研究及弘扬民族体育文化，对于推动我国体育事业的发展具有十分积极的意义。[1][2]

---

　　① 方哲红：《畲族传统体育活动及其文化特征》，《体育学刊》2003 年第 2 期，第 66—67 页。

　　② 蔡知忠、陈玉霞：《对民族传统体育的几点思考》，《体育学刊》2002 年第 3 期，第46—48 页。

# 第十节 畲族民族传统体育活动的继承与发展

景宁，以山为衣，以水为裙，以畲为魂。长久以来，作为我国民族文化宝库的重要组成部分，畲族文化在畲乡景宁被很好地保存、传承和发展。然而在文化大交融的时代背景下，传统文化的发展受到了外来文化和现代文化的挑战和冲击，如何更好地发展传统文化、民族文化，成为许多有识之士所思考的问题。

作为全国唯一的畲族自治县，景宁承载着弘扬民族文化、振兴民族文化的重任。因此，畲乡人对于传承和发展民族文化投入了极大的热忱和努力。文化的传承，离不开教育；文化的发展，也离不开教育。近年来,我们欣喜地看到,畲乡教育人们不断地开拓创新、探索实践,在校园中创出了许多行之有效的办法,让民族文化融入了现代教育之中,也让畲族文化深深扎根在了每一个畲娃的心中。畲族体育在校园中绽放光芒是从景宁民族中学开始的,其创建于1986年10月,是景宁畲族自治县设县时为了落实民族教育政策而创办的一所初级中等学校。

在景宁民族中学的陈列室内,陈列着许多民族体育的道具和荣誉。闹凤毡、抄杠、石磉、高脚,2006年全省民运会《高脚竞速》冠军、2007年全国民运会《赶野猪》表演项目竞技类二等奖、2010年全省民运会《摇锅》表演项目技巧类一等奖……形形色色的道具和大大小小的奖杯,讲述着这座民族中学对民族体育所做出的种种贡献。

学校从20世纪90年代初开始直至现在为上级学校输送了大量体育特长生。该县近三分之二的中小学体育教师均为该校当年培养的体育特长生。

这座学校里的孩子,发自内心地爱着这些民族体育项目,在课间、在课堂、在课余,孩子们满怀兴致地玩着"抄杠""操石磉""赶野猪""打尺寸""稳凳"这些畲族传统体育项目。是什么让这里的孩子们对民族体育情有独钟?是畲族传统体育文化的内涵特征。物质文化的客观实在性,构成一个民族传统文化的基础和源泉,是文化的一种载体。离开了物质文化这个基础,奢谈民族文化就成了无本之木,无水之源。在畲族历史发展进程中无论采集、狩猎,还是农耕、稼墙,均离不开要与树木、竹林产生各种各样密不可分的联系。日常生活中,人们对树木的观察认识不仅仅是经常性的、不间断的,而且对各种树木的质地、形状,以及适于现实生活的不同用途等,都积累了丰富的知识和经验。畲民族传统体育中有相当一部分项目是需要借助树木和竹子来制作器械和器材来进行身体活动的,如畲族传统体育项目"打铳""竹林竞技""稳凳""操石磉""赶野猪"和"武术"中棍术等,这些体育活动器材都是畲族祖先在生产劳动过程中创造,在发展中不断提炼和完善的。作为人类文化,它凝聚着畲族人民的智慧,为畲族传统体育文化传承起到积极的作用。"稳凳""操石磉"等传统体育器材在畲族的物质文化中具有显要的作用和地位。

作为中国南方一个独立的民族实体,畲族在历史上没有形成统一的政权,也没有产生跨地域性的强有力的社会管理机构。其社会文化的生产力、创造力和社会整合的传统机制,主要由以血缘关系和族缘观念为基础的家庭组织和父系世系(宗族)组织构成,血缘关系和族缘观念成为畲族内部传统社会的凝聚力和支撑力。畲族传统聚落的分散是有目共睹的,在依靠家族力量支撑的同时,依靠族内成婚的壁垒,打造了畲族人独有的团结和顽强,不管自然与人文条件多么不适合人们的生存,都能够极其顽强地生存下来。作为畲族社会文化的最主要内容,家族文化有着较为完善的系统,包括家族观念、家族情感、家族行为和家族体制。属于汉藏语系苗瑶语族的畲族没有文字,民族历史与民族文化的传承主要依靠口传身授。"传师学师"就是以家族为单位向成年男子传授本民族历史、文化和武艺技能的一种身传口授形式。畲族男子成人礼仪式被畲民称为"做阳",也有叫"做聚头"。"做阳"仪式主要以"传师学师"为主要内容,"传师学师"具有规模宏大、场面热烈、动作刚强的特点,使用铃刀和龙角等器具。在活动过程中表演的人需要做很多和步伐有关系的动作,这种动作很像唱戏的文武旦的脚步,比如有走得很轻的轻柔步,还有走得很僵硬的硬步,另外还有座蹲步等。他们在做这些步伐动作的时候还会加入一些难度系数很高的动作,例如突然像老虎扑出去,像猴子跳起来等各种爬行、翻滚、跳跃的动作。比如在表演的时候有一个老虎去抢猪头的表演,由法师装扮成猛虎,追跑抢猪头时,以手撑地,连爬带滚,鱼跃奔扑,动作惊险激烈,非常具有畲族的少数民族体育特点。在畲语的伴唱下,反映畲族的产生、发展、兴亡的历史和民族传统文化的变迁,同时也反映畲族男子学习祖先、祭祀祖先、崇拜祖先的民族心理,具有男子成人礼性质和传承民族文化的功能。通过这一特殊的仪式,畲族男子由家庭普通成员"人录""度身"转为家族教职人员,从此正式成为本民族成员。成年男子必须是勇敢的战士,强悍的猎手,熟练的农业生产者,能恪尽公共义务和责任的氏族公社成员。一个氏族、部落或民族的成员举行这一仪式之后,就进入了成人的行列,被认为是这个社会群体的正式成员,在社会上获得了一定的地位,同时为社会尽一定的责任和义务。

远古时候畲族的先祖们把他们在打猎时候的主要帮手龙犬盘瓠作为本民族的图腾,随着时间发展慢慢地把其追认为他们的先祖。另外,由于历史朝代的变化,畲族人为了自身的安全和生活大迁徙,到了新的地方以后最容易受到当地外族人的欺负,所以这种图腾文化对于畲族人的意义非常大,这样他们在情感方面有了依托,对于增强畲族人之间的感情和彼此的团结,一同去防御和抵制外族人的欺凌有非常重大的意义。

畲族对盘瓠图腾崇拜有着坚实的社会生活基础和牢固的思想感情。畲族在祭祖时,伴以鼓乐,跳起"犬舞",有模仿狗的奔、扑、翻、滚、掌、仰、蹬、卧、闪、审、抖等格斗动作,以犬命名的动作达49种。祭祖结束时,有的观瞻,有的玩拳术,切磋武艺。畲族民间武艺是流传在畲民聚居地的南派武术,很少与外界交流,他们结合生活环境和地理条件编创出一套步稳势烈、发力短猛、擅用手法、防守严谨、进攻多用指法、掌法的风格独特的畲族民间武艺。畲族祭祖最主要的原因,是传承祖图的文化内涵。祖图的主题是忠君报国、光宗耀祖、居山安贫的思想,这也是畲族接受这个神话传说并且年年祭祖的原因。

畲族在长期的迁徙和反抗压迫的历史发展中,要保持其民族的稳定性和独立性,就要求其民族具有特别强烈的民族意识和民族凝聚力。历代统治者施行的民族歧视和民族压迫政策的大力推行,给他们的生活带来了严重的生存危机。在迁徙过程中,他们不断地面临新的自然环境和社会环境,处处感到势孤力单,这必然唤起他们强烈的民族意识,强化了民族凝聚力。外部客观形势的压力是畲族群众能够团结、独立、自励以保持整体力量的原动力。民族传统体育不仅具有体育文化的一般特征和属性,更具有一些独特的带有民族文化气息和民族意识的特性,表现出强烈的民族性。畲族是一个具有民族自尊心和反抗精神的民族,他们不仅要抵抗自然灾害和豺狼虎豹的无情侵袭,还要与历代统治阶级的残酷压迫剥削作抗争。在众多的斗争中,必须要有强健的体魄和过硬的防卫制敌功夫,具有民族特色的武术也就应运而生。

畲族武术以畲拳最著名,棍术次之。畲拳乃畲族独创,已有

300多年的历史。创编者名叫雷乌龙,人们尊称为"乌龙公"。畲拳的主要动作有冲、扭、顶、搁、削、托、拨、踢、扫、跳等。进攻时多用拳、肘,防守时常用前臂和掌。讲究以肘护肋,步伐稳健,动作紧凑,进退灵活,具有"下如铁钉,上如车轮,手如辗盘,眼如铜铃"的特点。畲家拳的流派和套路有数十种之多。练功的方法很特别,如练铁砂掌之前,先砍一节粗壮的竹筒,内装一条毒蛇,蛇腐烂后,练武者将手伸进竹筒,蛇毒使其手奇痒难忍,急需插入米糠、谷子或沙子及铁砂中摩擦,久之则皮肉坚硬。又如畲民喜欢的打尺寸活动项目,据传此项活动起源于唐代畲民起义中赤手拨箭的英雄事迹。这充分反映出了畲族传统体育活动具有的畲族的民族性格和民族性。畲族精神遗产是流传于畲族乡村的拳术与棍术。

畲族人民一般在重大节日和他们地区、家庭喜庆的时候才会举行民族传统体育活动,在每年的农历正月十五、二月二、三月三、九月九等节日,畲族群众都会通过举行传统体育活动的形式进行庆祝,在那一天畲民们会穿上属于他们本民族的服装,认真打扮一番后带领全家老小出门参加活动,这样的活动是风雨无阻的。大家成群结队,尽情玩耍,岁晚通宵营火盘歌。此外在每年季节性庄稼丰收或猎物收获时,也都要进行各种传统体育活动来进行庆祝,使节日活动显得热烈隆重,为民族节日增添了迷人的风采,展现了浓郁的民族文化。

现在,畲族民族传统体育的传承与发展也受到一些因素的影响。首先,受到文化环境和现代体育的影响。大量畲族人口长期散居在汉族人口的聚居区,使得畲族文化在与汉族文化的长期交流中受到了汉族文化的巨大影响,畲族的宗教信仰、日常生活习俗与语言都不同程度地渗透着当地汉族文化的成分。畲族文化长期处于汉族文化的包围之中,受汉族文化影响较深,并在区位上与汉族文化结成了很深的共生文化关系。同时,经济发展、制度变革和人口迁移等因素使畲族的生活环境和生活方式发生了改变。现代化的生活气息渗透在畲族的每个角落,它冲击着传统文化,尤其是那些从原始生产劳动、风俗习惯、生活环境中提炼出来的畲族传统体育,不论是运动过程中所体现的文化内涵,运动形式、运动器材和运动场所及其参与运动的主体,或多或少保留着封建的、不科学的或与现代社会发展不适应的成分。而其导致了畲族的某些传统体育活动发展滞后甚至消失。

其次是现代体育冲击畲族传统体育的传承与发展。畲族的民族体育活动主要来源于远古时候在劳动和生产过程中的体会与实践,它具有历史性、传统性、自然性、娱乐性、教育性,但缺乏竞技性,失去竞争就意味着被淘汰。随着奥林匹克运动这一特有的以西方体育为主要内容的世界性体育急速发展,特别是在拿金牌、夺冠军、得奖金的影响下,以竞技体育为主要内容的奥林匹克体育项目逐渐占领了我国体育活动的主渠道地位。一些体育部门较重视现代体育,对搞民族传统体育积极性不高,没有把发展传统体育放在议事日程上。对少数民族传统体育挖掘整理、开发研究、运动训练不能长期有计划地坚持下去,充其量是为应付几年一次的少数民族运动会。其结果导致了畲族传统体育生存与发展的空间越来越小。①

　　另外一点是景宁地区畲族缺乏理论认识影响着民族体育传承与发展。景宁地区畲族的民族体育活动大多数通过身传口授的方法来传世,缺乏理论根基。过去,曾将畲族民间体育项目视为"四旧"加以革除,结果影响了本民族体育活动的正常开展,有的活动一度停止并濒临失传。畲族的民族体育活动有许多是自成体系、技术性很强的运动项目。为了使畲族的民族体育活动走上科学的轨道,组织专家、学者对其资料进行挖掘、整理的这种方法在初期是必需的,在保存民族体育文化遗产等方面是有意义的。但是,我们在恢复和发展畲族体育项目中,如不能去掉迷信色彩和不健康的因素及不伦不类的装饰和神奇古怪的表现形式,如不能进一步转为现代社会的理念,并为现代社会所用,那么,它就永远只是历史。

---

① 方哲红:《民族传统体育教学与训练》,北京体育大学出版社 2010 年版,第 166 页。

# 后　记

民族传统体育历经数千年的发展,在独具民族特色的地理环境、文化氛围、风俗习惯和价值理念的共同作用下,在自给自足的地域经济和与外来民族相互交融中,形成了独具特色的传统体育活动内容。随着社会的发展、经济基础的变革,原本在一个单纯的环境中发展、继承,蕴含着深刻的传统文化内涵和民族精神的传统体育,在多次与外来文化的碰撞、融合和对接的过程中,民族传统体育本土性特质已发生根本的变化。随着社会从古老的时代缓慢步入近现代,在获得外部文化的参考之后,传统体育赖以生存的独特地理、人文、社会传统文化根基发生动摇。移风易俗又总是积重难返,民族传统体育传承和发展步履艰难。一些富有民族特色的传统体育项目已失去了往日的风采,加上有的民族没有本民族的文字,汉文史籍记载的又很少,有些已经逐渐被人们所遗忘和消失。

浙江是经济大省,近些年少数民族群众的生活条件发生了很大变化。越来越好的生活让他们开始追求祖先留下来的精神方面的东西,畲族每年都会举办民族体育风情三月三一条街活动。在活动那一天，整个景宁街上人山人海，来自全国各地的人一起参与到畲族传统体育活动中，通过自己的参与体会畲族风情。在景宁的中小学学校中都开设了例如操石磉、打尺寸和赶野猪等畲族特色传统体育项目，让年轻的畲族孩子们了解本民族的传统体育活动项目。这不仅可以帮助孩子们了解本民族历史，还可以很好地促进他们的身体发育。

而嘉兴的回族在以韩海华为代表的推动下，武术得到了非常好的发展，嘉兴掼牛和江南船拳也依次成为国家和省级非物质文化遗产项目。嘉兴掼牛不仅多次被中央电视台和各个地方台报道，韩海华老师还多次带队到中国香港地区参加国际武术邀请赛，取得了非常好的成绩。

浙江省已经举办了四届少数民族运动会，每一届参与的人数都在增加，越来越多的人开始参与到民族体育活动中来了。一些好的项目被设置在乡村旅游景点，变成了游客体验的项目，取得了非常好的效果。

此外，有一些学校在不断挖掘和整理少数民族体育的同时，也在积极地推广民族传统体育活动。相信在浙江地区世居少数民族传统体育活动的项目越来越多，少数民族群众的生活和身体状况越来越好。希望更多的人参与到少数民族传统体育活动中来，通过自己的体验感受少数民族的文化，更好地促进各民族的团结与发展。

# 参考文献

［1］浙江省民族宗教事务委员会.民族家园——浙江省少数民族概况［EB/OL］.（2015-6-30）［2015-10-20］.http：//mzw.zj.gov.cn/n/0501_130.html.

［2］浙江省少数民族志编纂委员会.浙江省少数民族志［M］.北京：方志出版社，1999.

［3］赵建林，郭赤环.少数民族地区高校体育改革与弘扬民族传统体育文化的关系［J］.黑龙江高教研究，2006（3）.

［4］徐金尧.我国少数民族体育文化内涵初探［J］.体育文化导刊，2002（3）.

［5］冯胜刚，等.全球化之下，我们在哪里［J］.中国民族，2008（8）.

［6］钱娅艳，等.近 10 年少数民族传统体育文化研究回顾［J］.首都体育学院学报，2010（2）.

［7］冯胜刚.关于正确定义中国少数民族传统体育文化的研究［J］.贵州民族研究，2004（4）.

［8］白晋湘.弘扬中华民族传统体育 丰富世界现代体育宝库——民族传统体育研究述评［J］.北京体育大学学报，2001

（4）.

［9］曾于久，等.民族传统体育概论［M］.北京：人民出版社，2000.

［10］芦平生.少数民族体育文化的诠释［J］.体育文化导刊，2006
（3）.

［11］刘重尚，郭成美.浙江嘉兴的回族［J］.宁夏社会科学，1992
（2）.

［12］李持真.嘉兴掼牛［J］.浙江档案杂志，2009（6）.

［13］王笑.作为非物质文化遗产的回族武术的传承与发展［J］.回
族研究，2013（4）.

［14］兰润生.畲族传统体育项群分类研究［J］.沈阳体育学院学
报，2005（2）.

［15］蒋炳钊.畲族史稿［M］.厦门：厦门大学出版社，1988.

［16］畲族简史编写组.畲族简史［M］.福州：福建人民出版
社，1980.

［17］方哲红.畲族传统体育活动及其文化特征［J］.体育学刊，2003
（2）.

［18］蔡知忠，陈玉霞.对民族传统体育的几点思考［J］.体育学刊，
2002（3）.

［19］顾民.论浙江畲族传统体育"打尺寸"起源、发展与功能［J］.
当代体育科技，2012（1）.

［20］赵理强.畲族传统体育项目的产生及其作用［J］.浙江体育科
学，2006（4）.

［21］方哲红.民族传统体育教学与训练［M］.北京：北京体育大学
出版社，2010.

［22］缪仕晖,郭学松.畲族武术文化缘起及特征研究［J］.临沂大学学报,2014(3).

［23］林荫生.闽东畲族文化全书·体育卷［M］.北京:民族出版社,2009.

［24］畲族简史编写组.畲族简史［M］.北京:民族出版社,2008.

［25］邱丕相.中国武术文化散论［M］.上海:上海人民出版社,2007.

［26］施联珠.畲族风俗志［M］.北京:中央民族学院出版社,1989.

［27］张天禄.福州畲族志［M］.福州:海潮艺术摄影出版社,2004.

［28］蓝运全,缪品枚,雷木生.闽东畲族志［M］.北京:民族出版社,1999.